D1456400

Encyclopédie junior des sports

		Illustrations	
Directrice éditoriale	Caroline Fortin	**Directeur artistique**	Jean-Yves Ahern
Rédactrice en chef	Martine Podesto	**Directeur artistique adjoint**	Claude Thivierge
Rédacteurs	Isabelle Allard Francis Magnenot	**Superviseurs infographiques**	Rielle Lévesque Michel Rouleau
Réviseures	Marie-Nicole Cimon Marie-Anne Legault Diane Martin	**Illustrateurs**	Yan Bohler Mélanie Boivin Charles Campeau Mivil Deschênes
Coordonnatrices de production	Carla Menza Guylaine Houle		Martin Desrosiers Jonathan Jacques Danièle Lemay
Technicienne en production	Sophie Pellerin		Alain Lemire Martin Lortie Raymond Martin
Recherchistes	Gilles Vézina Kathleen Wynd		Annie Maurice Nicolas Oroc Frédérick Simard
Conceptrice graphique	Sylvie Darêche		Yan Tremblay Mathieu Blouin
Mise en page	Véronique Boisvert Geneviève Théroux Béliveau Pascal Goyette		Sébastien Dallaire Hoang Khanh Le Anne-Marie Ouellette
Conceptrice de la page couverture	Josée Noiseux		Pierre Savoie Mamadou Togola
Retouche d'images	Hélène Coulombe		

Données de catalogage avant publication (Canada)

Vedette principale au titre :

Encyclopédie junior des sports

Comprend un index.
Pour les jeunes de 9 à 12 ans.

ISBN 2-7644-0806-4

1.Sports — Encyclopédies pour la jeunesse.

GV567.E5 2002   j796'.03 C2002-940841-5

L'*Encyclopédie junior des sports* a été conçue et créée par :

QA International
une division des Éditions Québec Amérique inc.
329, rue de la Commune Ouest, 3e étage
Montréal (Québec) H2Y 2E1 Canada
T 514.499.3000 **F** 514.499.3010
www.qa-international.com

© 2002 Éditions Québec Amérique inc.
www.quebec-amerique.com

Important : Les sports peuvent entraîner des risques de blessure. Lorsque vous pratiquez un sport, assurez-vous de le faire sous la supervision d'un adulte ou d'un professionnel, et utilisez toujours l'équipement de sécurité adéquat.

Nous reconnaissons l'aide financière du gouvernement du Canada par l'entremise du Programme d'aide au développement de l'industrie de l'édition (PADIÉ) pour nos activités d'édition.

Gouvernement du Québec – Programme de crédit d'impôt pour l'édition de livres – Gestion SODEC.

Les Éditions Québec Amérique bénéficient du Programme de subvention globale du Conseil des Arts du Canada. Elles tiennent également à remercier la SODEC pour son appui financier.

Imprimé et relié en Slovaquie.
10 9 8 7 6 5 4 3 2 1   06 05 04 03 02

Encyclopédie junior des sports

Table des matières

L'*Encyclopédie junior des sports* est un guide illustré couvrant plus de 100 sports différents. Que vous soyez un participant ou un spectateur, vous y trouverez toutes les informations essentielles sur la plupart des sports pratiqués dans le monde de nos jours. Ce livre décrit en détail la façon dont se pratique chaque sport, les règlements, les talents requis ainsi que le type d'équipement utilisé. On y explique le rôle des joueurs d'une équipe ainsi que les responsabilités des officiels qui supervisent chacun des sports.

Des images créées par ordinateur accompagnent le texte et représentent les terrains, courts et pistes où les sports sont pratiqués. Les illustrations d'athlètes en action sont basées sur de véritables photographies. Cela leur donne une allure réaliste et permet de montrer certaines caractéristiques de façon détaillée. Par exemple, un plongeon peut être décomposé en une série d'images séparées, de manière à bien illustrer tous les mouvements complexes qui constituent la performance de l'athlète.

Comment utiliser ce livre

La table des matières, au début de l'ouvrage, donne la liste des 14 chapitres et de leur contenu. Chaque chapitre est indiqué par une couleur distincte et regroupe des sports de même type.

En page 221, le glossaire répertorie par ordre alphabétique certains mots du texte qui ne vous sont peut-être pas familiers. Vous y trouverez, par exemple, les mots « intercepter » et « tactique », accompagnés d'une définition et de la façon dont on les utilise dans certains sports. L'index de la page 222 regroupe des termes importants qui figurent dans ce livre ainsi que les pages où ils apparaissent.

À moins d'indication contraire, la plupart des règlements et mesures cités dans cette encyclopédie sont ceux utilisés dans les compétitions olympiques. Ils peuvent différer de ceux utilisés dans les sports professionnels, collégiaux ou scolaires.

Bonne lecture !

Le corps humain et le sport

Notre corps est une formidable machine ! De simples activités de tous les jours, comme la marche, la course à pied et le lancer d'une balle, mettent en branle un processus complexe, auquel participe le corps tout entier. Mais au-delà de ces activités quotidiennes, la mécanique humaine est aussi capable d'exploits athlétiques hors de l'ordinaire… Du lancer du poids en passant par le saut en longueur et la course à obstacles, les performances des grands athlètes témoignent de sa grande puissance… Mais attention ! S'il est la composante essentielle de toute activité sportive, le corps n'est rien sans le soutien du moral du sportif. La confiance en soi et l'optimisme sont des armes efficaces qui accompagnent l'athlète dans la poursuite de ses buts… à condition, bien sûr, de suivre un entraînement adéquat et sérieux !

La formidable machine humaine

Les os, les muscles, le cerveau et le cœur sont au nombre des acteurs sportifs de premier plan. Ces structures du corps sont regroupées sous quatre grands appareils qui occupent des fonctions bien précises.

L'appareil moteur

L'appareil moteur est composé des os, des muscles et des articulations. Ensemble, ces structures conduisent aux mouvements du corps.

L'appareil nerveux

Composé du cerveau et de la moelle épinière, l'appareil nerveux est le chef d'orchestre de l'activité sportive. Il recueille les informations provenant des sens comme la vue, le toucher, l'ouïe et l'équilibre. Après analyse des données, le système nerveux prend des décisions d'une justesse inouïe. C'est grâce à lui qu'un joueur peut estimer avec quelle force un ballon de basket-ball doit être lancé afin d'atteindre le filet.

L'appareil circulatoire

L'appareil circulatoire est composé des artères, des veines et d'une pompe centrale, le cœur. Il transporte de cinq à six litres de sang chaque minute. Mis bout à bout, les vaisseaux sanguins du corps forment un réseau si étendu qu'il pourrait faire environ 10 fois le tour de la Terre !

L'appareil respiratoire

L'appareil respiratoire est composé de la trachée et des poumons. Il est responsable du transport de l'air vers les poumons, mais aussi de l'expulsion du gaz carbonique, un déchet de la respiration des cellules de notre corps.

Le corps humain et le sport

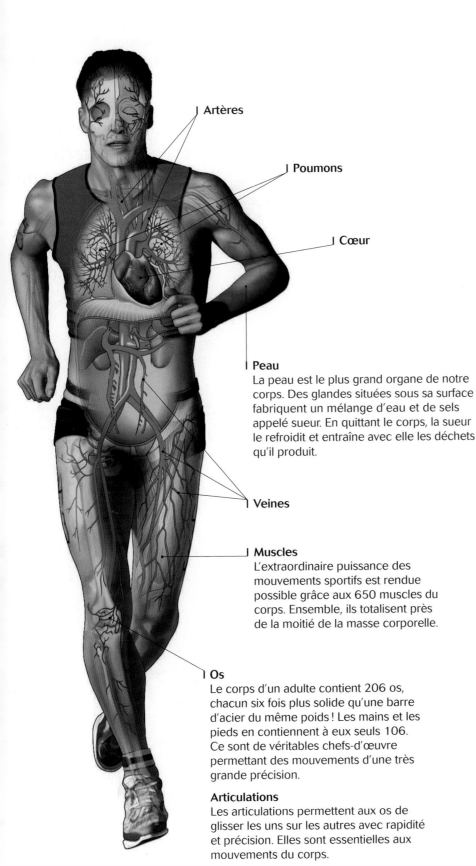

Artères

Poumons

Cœur

Peau
La peau est le plus grand organe de notre corps. Des glandes situées sous sa surface fabriquent un mélange d'eau et de sels appelé sueur. En quittant le corps, la sueur le refroidit et entraîne avec elle les déchets qu'il produit.

Veines

Muscles
L'extraordinaire puissance des mouvements sportifs est rendue possible grâce aux 650 muscles du corps. Ensemble, ils totalisent près de la moitié de la masse corporelle.

Os
Le corps d'un adulte contient 206 os, chacun six fois plus solide qu'une barre d'acier du même poids ! Les mains et les pieds en contiennent à eux seuls 106. Ce sont de véritables chefs-d'œuvre permettant des mouvements d'une très grande précision.

Articulations
Les articulations permettent aux os de glisser les uns sur les autres avec rapidité et précision. Elles sont essentielles aux mouvements du corps.

Glossaire :

Cellule
La cellule est la plus petite unité vivante du corps humain. Le corps en contient des milliards, toutes spécialisées pour accomplir une tâche précise.

Sens
Les sens sont les fonctions permettant de percevoir les phénomènes qui se produisent à l'extérieur de notre corps. Ils sont au nombre de cinq : la vue, le toucher, l'odorat, l'ouïe et le goût.

Organe
Les organes, comme le cœur, les poumons et l'estomac, sont des parties du corps spécialisées dans une fonction précise.

Glande
Une glande est un organe, un tissu ou une cellule produisant une substance chimique spéciale qui joue un rôle dans le fonctionnement du corps.

Artères
Les artères transportent le sang hors du cœur. Leurs parois faites de fibres musculaires et élastiques peuvent se contracter et se dilater.

Artérioles
Les artérioles sont de petites artères.

Capillaires
Minuscules artères aux parois minces, les capillaires permettent les échanges de gaz et de nutriments entre les cellules et le sang.

Veinules
Les veinules sont de petites veines. Elles recueillent le sang des capillaires et le déversent dans les veines.

Veines
Les veines sont des vaisseaux aux parois beaucoup moins épaisses que celles des artères. Elles transportent le sang vers le cœur.

Sport et handicapés
Qui a dit qu'il fallait deux bras et deux jambes pour établir des records de performances ? Depuis plus de 40 ans, les Jeux paralympiques pour handicapés physiques réunissent plus de 5000 athlètes. Ces Jeux regroupent une quinzaine d'épreuves, dont le basket-ball, l'escrime, la natation et le judo. Des Jeux olympiques pour handicapés mentaux ont aussi lieu, depuis 1992.

Le corps humain et le sport

Les muscles : grands travailleurs du corps

Les muscles sont de véritables petits moteurs permettant des mouvements d'une très grande précision. Ils peuvent être divisés en trois groupes : les muscles lisses, qui tapissent les parois des artères et de certains autres organes du corps, les muscles cardiaques, qui composent le cœur, et les muscles squelettiques, qui participent aux mouvements du corps. Alors que les deux premiers groupes de muscles accomplissent leur travail sans que nous nous en rendions compte, les muscles squelettiques, en revanche, attendent de recevoir les ordres du cerveau avant de se contracter. Comme tous les moteurs, les muscles ont besoin d'un carburant qui leur fournit l'énergie nécessaire pour accomplir leur travail de contraction. Le carburant des muscles s'appelle l'ATP. Il est présent en petite quantité dans le muscle, sous forme de réserve, mais il peut aussi être fabriqué en période de pointe, grâce aux sucres contenus dans les aliments que nous mangeons.

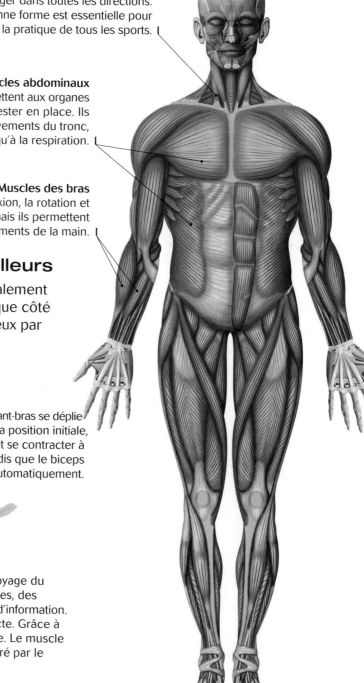

Devant

Muscles du cou
Ils maintiennent la tête et lui permettent de bouger dans toutes les directions. Leur bonne forme est essentielle pour la pratique de tous les sports.

Muscles abdominaux
Les muscles de l'abdomen permettent aux organes internes du corps de bien rester en place. Ils contribuent également aux mouvements du tronc, au maintien du corps ainsi qu'à la respiration.

Muscles des bras
Ils permettent la flexion, la rotation et l'extension du bras, mais ils permettent aussi les mouvements de la main.

Les muscles : des duos de travailleurs

Les mouvements des os du squelette sont généralement assurés par des paires de muscles situés de chaque côté d'une articulation. Les muscles doivent travailler deux par deux pour assurer les mouvements

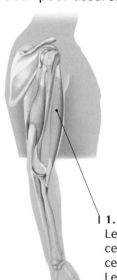

2. Triceps
Pour que l'avant-bras se déplie et retrouve sa position initiale, le triceps doit se contracter à son tour, tandis que le biceps se relâche automatiquement.

1. Biceps
Le message de contraction musculaire voyage du cerveau vers le muscle grâce aux neurones, des cellules spécialisées dans la transmission d'information. Le biceps reçoit le message et se contracte. Grâce à l'articulation du coude, l'avant-bras se plie. Le muscle opposé, le triceps, est alors relâché et étiré par le mouvement de l'avant-bras.

Le corps humain et le sport

Les grandes spécialités musculaires

Les muscles du corps travaillent en groupes. De la tête vers le bas, on compte les muscles du cou, des épaules, des bras et du dos, les muscles abdominaux, les muscles fessiers et les muscles des jambes et des pieds.

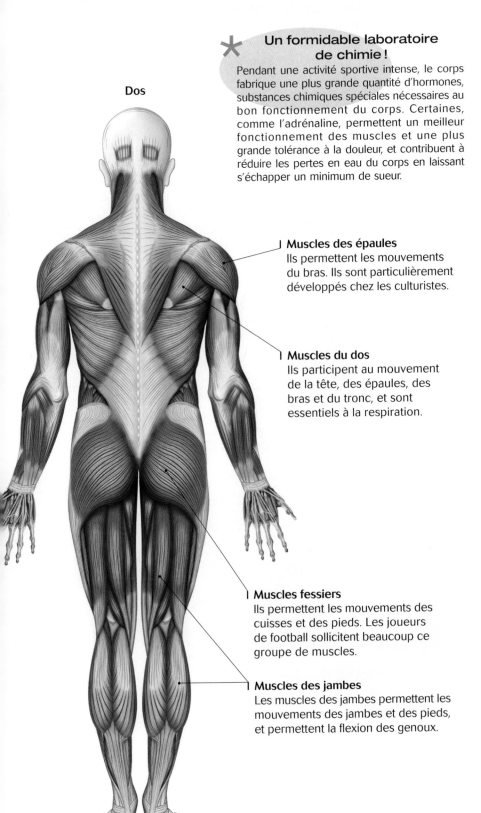

Dos

* Un formidable laboratoire de chimie !
Pendant une activité sportive intense, le corps fabrique une plus grande quantité d'hormones, substances chimiques spéciales nécessaires au bon fonctionnement du corps. Certaines, comme l'adrénaline, permettent un meilleur fonctionnement des muscles et une plus grande tolérance à la douleur, et contribuent à réduire les pertes en eau du corps en laissant s'échapper un minimum de sueur.

Muscles des épaules
Ils permettent les mouvements du bras. Ils sont particulièrement développés chez les culturistes.

Muscles du dos
Ils participent au mouvement de la tête, des épaules, des bras et du tronc, et sont essentiels à la respiration.

Muscles fessiers
Ils permettent les mouvements des cuisses et des pieds. Les joueurs de football sollicitent beaucoup ce groupe de muscles.

Muscles des jambes
Les muscles des jambes permettent les mouvements des jambes et des pieds, et permettent la flexion des genoux.

Énergie et kilocalories

L'énergie dépensée par le corps, de même que l'énergie apportée par les aliments, est mesurée en calories (cal). Entre l'âge de 9 et 12 ans, les filles et les garçons ont besoin d'environ 2000 calories par jour. En revanche, un athlète participant à un grand tour cycliste peut en avoir besoin de cinq fois plus !

Tableau des dépenses énergétiques d'un jeune adolescent, par heure d'activité

Activités	Dépense d'énergie approximative (cal)
Dormir	30
Travailler devant un ordinateur	50
Jouer de la guitare	90
Prendre une douche	120
Jouer au golf	140
Jouer au badminton	230
Jouer au volley-ball de plage	260
Faire du BMX	280
Faire du judo	320

Tableau de la valeur énergétique des aliments

Aliments	Quantité approximative d'énergie fournie (cal)
1 c. à thé de sucre	20
100 g de haricots verts	40
2 clémentines	40
1 c. à thé de beurre	47
1 tranche de pain blanc	65
1 pomme moyenne	80
1 verre de jus de raisin	106
1 banane	110
1 c. à soupe d'huile	35
100 g de saumon	175
250 ml de lait au chocolat	200
100 g de rôti de porc	240
100 g de steak	260
200 g de pâtes	280
100 g de poulet	300
1 portion de lasagne	446
100 g de cacahuètes	600

Le corps humain et le sport

Un réseau de distribution efficace !

Même bien nourris en sucres, les muscles ne peuvent fonctionner sans un précieux allié : l'oxygène. Ce gaz essentiel à la vie est présent dans l'air que nous respirons. Il pénètre dans le corps par les poumons et est transporté dans le sang par une armée de 25 000 milliards de petites cellules spéciales appelées globules rouges. Pour acheminer l'oxygène dans toutes ses parties, le corps dispose d'un réseau de distribution d'une très grande efficacité : l'appareil circulatoire. Chaque minute, environ cinq litres de sang empruntent le réseau complexe des veines et des artères de l'appareil circulatoire. Mais le sang ne fait pas qu'assurer le transport de l'oxygène, des minéraux, des sucres et des vitamines ! Il débarrasse aussi les cellules de leurs déchets. Poumons, sueur et urine se chargeront ensuite de les évacuer à l'extérieur du corps.

L'appareil respiratoire

L'air emprunte la trachée, puis est acheminé dans les poumons par l'arbre pulmonaire, formé des bronches et des bronchioles. À l'extrémité des fines bronchioles sont situées les alvéoles pulmonaires, sorte de petits sacs à la membrane très mince. L'oxygène de l'air traverse la fine paroi des alvéoles et rejoint le sang. Au repos, nous respirons environ cinq litres d'air par minute. Pendant la pratique d'une activité sportive, ce volume peut atteindre 50 et même 100 litres par minute ! Plus l'activité pratiquée est intense, plus nos poumons absorbent une grande quantité d'air… et donc d'oxygène !

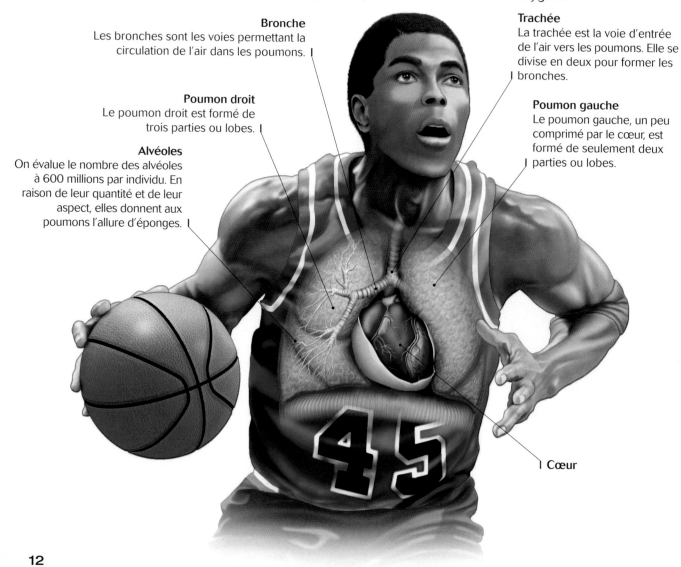

Bronche
Les bronches sont les voies permettant la circulation de l'air dans les poumons.

Trachée
La trachée est la voie d'entrée de l'air vers les poumons. Elle se divise en deux pour former les bronches.

Poumon droit
Le poumon droit est formé de trois parties ou lobes.

Poumon gauche
Le poumon gauche, un peu comprimé par le cœur, est formé de seulement deux parties ou lobes.

Alvéoles
On évalue le nombre des alvéoles à 600 millions par individu. En raison de leur quantité et de leur aspect, elles donnent aux poumons l'allure d'éponges.

Cœur

La pompe centrale

Malgré sa petite taille, le cœur est l'organe le plus actif du corps : pendant toute la durée de la vie, il se contracte sans relâche pour propulser le sang dans l'ensemble du corps. Cette formidable machine pompe 2,5 millions de litres de sang chaque année, dans un réseau complexe formé d'artères, d'artérioles, de capillaires, de veines et de veinules. Chez un adulte au repos, le cœur bat de 70 à 80 fois par minute. Ce nombre de battements du cœur s'appelle la fréquence cardiaque. Elle est beaucoup plus élevée chez les nouveau-nés et légèrement plus lente chez les personnes âgées. Comme tous les muscles du corps, le cœur gagne à suivre un entraînement sportif régulier. Grâce à un bon programme d'endurance, la capacité et la puissance de ses contractions augmentent pour permettre au sang de circuler plus efficacement dans le corps lors d'un effort violent. Chez un athlète, le cœur est si puissant qu'il lui suffit de battre de 40 à 50 fois par minute seulement !

Veine cave supérieure
La veine cave supérieure achemine le sang provenant des parties supérieures du corps vers l'oreillette droite du cœur. Le sang qui y circule est chargé de déchets de gaz carbonique.

Aorte
L'aorte est le plus gros vaisseau sanguin du corps. Elle transporte le sang oxygéné dans les parties supérieures du corps, comme les bras et la tête.

Le sport rend de bonne humeur !
C'est prouvé : le sport augmente la confiance en soi et a une action positive sur notre humeur ! Pendant une activité intense, le corps libère une hormone appelée endorphine. Cette substance chimique agit sur notre cerveau et nous aide à voir la vie… en couleurs !

Artère pulmonaire droite
L'artère pulmonaire droite achemine le sang chargé de gaz carbonique vers le poumon droit.

Tronc pulmonaire
Le tronc pulmonaire achemine le sang chargé de gaz carbonique vers les poumons.

Veines pulmonaires gauches
Les veines pulmonaires gauches transportent le sang oxygéné des poumons vers l'oreillette gauche.

Veines pulmonaires droites
Les veines pulmonaires droites transportent le sang oxygéné des poumons droits vers l'oreillette gauche.

Oreillette gauche
L'oreillette gauche reçoit le sang oxygéné des poumons.

Oreillette droite
L'oreillette droite reçoit le sang qui a été transporté dans tout le corps. Ce sang est chargé de déchets de gaz carbonique.

Ventricule gauche
Le ventricule gauche propulse le sang oxygéné dans l'aorte.

Ventricule droit
Le ventricule droit propulse le sang chargé de gaz carbonique vers les poumons, grâce au tronc pulmonaire.

Veine cave inférieure
La veine cave inférieure achemine le sang provenant des parties inférieures du corps vers l'oreillette droite. Le sang qui y circule est chargé de déchets de gaz carbonique.

Aorte thoracique
L'aorte thoracique distribue le sang oxygéné dans les parties inférieures du corps, comme le tronc et les jambes.

Les Jeux olympiques

En 884 avant Jésus-Christ (av. J.-C.), la guerre sévissait entre la plupart des cités grecques. Souhaitant faire régner la paix, le roi Iphitos d'Élide, souverain d'un des pays de la Grèce antique, proposa de rétablir les jeux « qui plaisent aux dieux »… Il faisait bien sûr allusion à ce que nous connaisso aujourd'hui sous le nom de Jeux olympiques. Il est difficile d connaître la véritable origine des Jeux olympiques. On croit toutefois qu'ils avaient déjà lieu 1500 ans av. J.-C. Ranimés par le roi Iphitos, les Jeux de l'Antiquité eurent lieu dans la ville d'Olympie tous les quatre ans, pendant plus de 1000 ans ! En 392, l'empereur romain Théodose 1er les interdit sous prétexte qu'ils étaient contraires à la foi chrétienne… Il fallu attendre 1500 ans pour voir de nouveau brûler la flamme olympique…

En 1892, Pierre de Coubertin, un riche éducateur français, lança l'idée de faire revivre les Jeux olympiques de l'Antiquité grecque. Son rêve est devenu réalité quatre ans plus tard, lorsque les premiers Jeux olympiques de l'ère moderne ont vu le jour à Athènes, en Grèce. De Coubertin s'est éteint en 1937, à l'âge de 74 ans. Conforméme à ses dernières volontés, son cœur a été enterré en Grèce, dans la ville d'Olympie…

Les symboles olympiques

Les anneaux

Le symbole des Jeux olympiques est formé de cinq anneaux de couleurs différentes, entrelacés de gauche à droite. Il représente l'union des cinq continents et des athlètes du monde entier.

La flamme

Pendant les Jeux olympiques de l'Antiquité, une flamme sacrée brûlait en permanence sur l'autel de Zeus, à Olympie. Depuis 1936, la flamme y est rallumée chaque fois qu'ont lieu les Jeux olympiques. Utilisant des torches, des athlètes se relaient pour transporter le feu sacré de la flamme jusqu'à la ville hôte des Jeux.

La devise

La devise olympique «*citius, altius, fortius*» a été formulée en latin. Elle signifie «plus vite, plus haut, plus fort».

✱ Fin malheureuse pour le premier marathonien

Le marathon, une course de 40 kilomètres, a vu le jour lors des premiers Jeux olympiques à Athènes en 1896. Elle commémorait le souvenir du soldat grec Philippidès, mort d'épuisement en 490 av. J.-C. après avoir couru 40 kilomètres entre les villes de Marathon et d'Athènes. Le pauvre allait annoncer aux Grecs leur victoire contre les Perses.

Le mouvement olympique

Le mouvement olympique réunit tous les groupes de personnes qui œuvrent, de près ou de loin, à l'organisation et au déroulement des Jeux olympiques.

Comité International Olympique (CIO)

Le CIO est l'organisme suprême, celui qui contrôle tout le mouvement olympique. Grand protecteur des symboles tels que le drapeau, la devise et l'hymne, il supervise et organise les Jeux, tout en défendant une image saine et positive du sport.

Fédération internationale olympique (FIO)

Chacune des 35 FIO protège l'intégrité de son sport et s'assure que les règles qui le sous-tendent sont respectées en compétition internationale. Les FIO fixent les performances qui permettront de qualifier les athlètes en vue d'une participation aux Jeux olympiques. Elles choisissent également les arbitres, les juges et les autres officiels qui administreront leur sport.

Comité national olympique (CNO)

Chaque pays participant aux Jeux olympiques possède son CNO Ces organismes sont responsables du bien-être de leurs athlètes olympiques et mettent à leur disposition des centres d'entraînement ainsi que des ressources monétaires nécessaires à leur participation aux Jeux.

Comité organisateur des Jeux olympiques (COJO)

Le COJO est responsable, avec la ville hôte, de l'organisation des Jeux olympiques. Il met en place les structures olympiques, veille à l'hébergement des athlètes ainsi qu'au transport des athlètes et des spectateurs vers les sites des événements sportifs.

Des épreuves et des athlètes

Les premiers Jeux olympiques de l'Antiquité n'offraient qu'une seule discipline : celle de la course du stade, qui consistait à faire le tour du stade d'Olympie au pas de course. La diaulique, ou double stade, qui consistait à faire deux fois le tour du stade, fut créée quelques années plus tard. Se sont ensuite ajoutées les compétitions du pentathlon, incluant la course à pied, le lancer du disque, le lancer du javelot, le saut et la lutte, puis les courses de chars. Lors des premiers Jeux olympiques de l'ère moderne, en 1896, 245 athlètes participaient à l'événement. Neuf sports étaient alors au calendrier : l'athlétisme, le cyclisme, l'escrime, la gymnastique, l'haltérophilie, la lutte, la natation, le tennis et le tir. Cent ans plus tard, le nombre d'athlètes inscrits aux Jeux dépasse les 10 000 ! Les disciplines sportives se multiplient et continuent de s'ajouter à la liste des sports déjà existants. Environ 30 sports figurent aujourd'hui au calendrier des événements sportifs des Jeux olympiques !

Performances de champions

Bien de l'eau a coulé sous les ponts depuis que le Grec Koroïbos d'Élis a reçu la première récompense olympique officielle… C'était en 776 av. J.-C. Il venait alors de remporter la course du stade d'Olympie. Depuis, des centaines d'athlètes ont fait honneur à leur pays en accomplissant des exploits dignes des dieux de la Grèce antique.

*L'audace des sportives

Aucune femme n'a pu participer aux premiers Jeux olympiques modernes, en 1896, à Athènes. Quatre ans plus tard, lors des Jeux olympiques de Paris, 19 courageuses furent admises aux épreuves de tennis et de golf. Bien entendu, les extraordinaires performances féminines sont aujourd'hui reconnues et de plus en plus d'épreuves sont proposées aux femmes. Cent ans après la création des Jeux olympiques modernes, elles sont plus de 3000 à prendre part aux événements sportifs.

Carl Lewis

Cet Américain est un champion du 100 mètres. Il a obtenu 17 médailles d'or en 17 ans de carrière internationale.

Bonnie Blair

Cette patineuse de vitesse est la seule femme américaine à avoir gagné cinq médailles d'or aux Jeux olympiques d'hiver. Championne du 500 m et du 1000 m en 1992 et en 1994, elle a également remporté le 500 m en 1998.

Mark Spitz

Champion olympique en équipe 1968 et vedette des Jeux de 1972, il a amélioré 26 records du monde individuels et 25 records américains entre 1967 et 1972.

Michael Jordan

Champion américain de la NBA en 1991, 1992, 1993, 1996, 1997 et 1998, il a aussi été champion olympique en 1984 et 1992. Il est considéré comme le plus grand joueur de basket-ball de tous les temps.

Nadia Comaneci

Elle a remporté la première note parfaite de l'histoire de la gymnastique féminine, suivie de six autres, aux Jeux olympiques de Montréal, en 1976. Le record de cette jeune Roumaine est toujours inégalé.

Muhammad Ali

Poids lourd, champion du monde de 1964 à 1967, et de nouveau en 1974 et en 1978, ce célèbre Américain a également été champion olympique de catégorie mi-lourd en 1960.

Les Jeux olympiques

Lorsqu'ils furent créés, en 1896, les Jeux olympiques modernes ne comportaient que des disciplines sportives d'été. Convaincu de l'importance de réunir les athlètes des sports d'hiver, le CIO annonça la tenue des premiers Jeux olympiques d'hiver pour l'année 1928. Pendant plus de 60 ans, Jeux olympiques d'été et d'hiver eurent lieu la même année, aux quatre ans. À partir de 1994, les choses ont changé : ils ont maintenant lieu aux deux ans, en alternance.

Des wagons de neige canadienne

L'élément le plus important des Jeux olympiques d'hiver est sans contredit la neige ! Malheureusement, cette dernière rate parfois le rendez-vous… À Saint-Moritz, en février 1928, après une chute de neige importante, la température a atteint les 25 degrés Celsius ! Cette chaleur a fait fondre la neige et rendu difficiles les épreuves de patinage et de ski de fond… Quatre ans plus tard, pour prévenir une pénurie de neige aux Jeux olympiques de Lake Placid, les Américains ont fait venir du Canada des wagons entiers de neige !

Les Jeux olympiques et les villes hôtes

C'est le CIO qui a la difficile tâche d'élire la ville qui recevra les Jeux olympiques. Le vote détermine la ville victorieuse sept ans à l'avance ! De nombreuses villes rêvent d'être l'hôte des Jeux olympiques. Pour obtenir ce titre, elles doivent prouver qu'elles peuvent accueillir en toute sécurité les milliers d'athlètes et de visiteurs de partout dans le monde.

Les villes hôtes des Jeux olympiques - été	
1896	Athènes (Grèce)
1900	Paris (France)
1904	St.Louis (États-Unis)
1908	Londres (Angleterre)
1912	Stockholm (Suède)
1920	Anvers (Belgique)
1924	Paris (France)
1928	Amsterdam (Hollande)
1932	Los Angeles (États-Unis)
1936	Berlin (Allemagne)
1948	Londres (Angleterre)
1952	Helsinki (Finlande)
1956	Melbourne (Australie)
1960	Rome (Italie)
1964	Tokyo (Japon)
1968	Mexico (Mexique)
1972	Munich (Suisse)
1976	Montréal (Canada)
1980	Moscou (Russie)
1984	Los Angeles (États-Unis)
1988	Séoul (Corée du Sud)
1992	Barcelone (Espagne)
1996	Atlanta (États-Unis)
2000	Sydney (Australie)
2004	Athènes (Grèce)
2008	Pékin (Chine)

Les villes hôtes des Jeux olympiques - hiver	
1924	Chamonix (France)
1928	Saint-Moritz (Suisse)
1932	Lake Placid (États-Unis)
1936	Garmisch-Partenkirchen (Allemagne)
1948	Saint-Moritz (Suisse)
1952	Oslo (Norvège)
1956	Cortina d'Ampezzo (Italie)
1960	Squaw Valley (États-Unis)
1964	Innsbruck (Autriche)
1968	Grenoble (France)
1972	Sapporo (Japon)
1976	Innsbruck (Autriche)
1980	Lake Placid (États-Unis)
1984	Sarajevo (ex-Yougoslavie)
1988	Calgary (Canada)
1992	Albertville (France)
1994	Lillehammer (Norvège)
1998	Nagano (Japon)
2002	Salt Lake City (États-Unis)
2006	Torino (Italie)

Athlétisme

Introduction

L'athlétisme est un ensemble de sports qui regroupe des disciplines de trois types : course, saut et lancer. La course est une épreuve sur piste ; le saut et le lancer sont des épreuves sur terrain. Ces sports misent sur la force naturelle, la vitesse et l'endurance de l'athlète. Ils demandent peu d'équipement et n'ont recours à aucune aide artificielle. Les hommes et les femmes participent aux épreuves de façon individuelle, et non en équipe. Aux Jeux olympiques, on compte près de 30 épreuves d'athlétisme.

Stade

Pour accueillir des compétitions officielles, il doit comporter une piste de 400 m divisée en six ou huit couloirs, des zones consacrées aux disciplines de sauts et de lancers, et une rivière pour le steeple. Toutes les courses sur piste se déroulent dans le sens contraire des aiguilles d'une montre ; le bras gauche des coureurs se trouve donc toujours du côté de l'espace intérieur du stade.

Départ du 5000 m |

Départ du 3000 m steeple |

Départ du 200 m |

Piste |

Lancer du poids |

Rivière du steeple |

Départ du 110 m haies |

Départ du 100 m et du 100 m haies

| Tableau indicateur

| Saut à la perche

Introduction

Mesures et chronométrage

Il doit y avoir un vainqueur au terme de chaque épreuve. Une caméra filme les coureurs qui franchissent la ligne d'arrivée, et un système de chronométrage électronique mesure les courses au 1/100e de seconde. On peut ainsi déterminer si de nouveaux records ont été établis. En ce qui concerne le saut en longueur, le triple saut et les épreuves de lancers, des juges mesurent les distances en mètres et en centimètres au moyen d'un ruban en acier certifié. Les sauts en hauteur sont calculés au moyen des mesures indiquées sur les montants qui soutiennent la barre.

Caméra
L'arrivée des courses est filmée par une caméra située vis-à-vis de la ligne d'arrivée. Elle est reliée à un compteur électronique.

Bloc de départ
Ce dispositif de métal permet une meilleure impulsion et des départs sans dérapage. Il sert également à détecter les faux départs avant le coup de pistolet.

Chronométrage
Les officiels ont recours à un système de chronométrage électronique activé par le pistolet ou un autre appareil de départ. Des chronomètres sont aussi utilisés pour chronométrer les courses manuellement et déterminer les records.

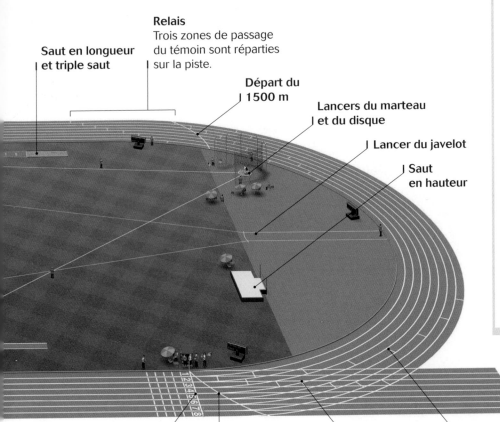

Relais
Trois zones de passage du témoin sont réparties sur la piste.

Saut en longueur et triple saut

Départ du 1500 m

Lancers du marteau et du disque

Lancer du javelot

Saut en hauteur

Arrivée pour toutes les courses

Départ du 10 000 m et du relais 4 x 100 m

Départ du 800 m

Départ du 400 m, du 400 m haies et du relais 4 x 100 m

Anémomètre
Il permet de mesurer et d'enregistrer la vitesse du vent pour les épreuves de course de moins de 200 m, le saut en longueur et le triple saut. Pour qu'un record soit homologué, il faut que la vitesse d'un vent favorable à l'athlète soit inférieure à 2 m par seconde. Un vent arrière peut avantager injustement un athlète.

100 mètres

Le 100 mètres est une épreuve de vitesse pure sur une distance rectiligne. Il faut des années d'entraînement pour se préparer à cette course, qui dure moins de 10 secondes. Les huit coureurs ayant obtenu les meilleurs temps lors des qualifications s'affrontent en finale. Les plus rapides occupent les couloirs du centre. Le 100 mètres est devenu l'épreuve vedette des Jeux olympiques. Les vainqueurs, hommes et femmes, sont considérés comme les êtres humains les plus rapides de la planète.

Chaussure
Les chaussures sont légères et comprennent jusqu'à 11 pointes de crampons afin de bien adhérer à la piste. Elles ne comportent pas de talon, car seuls les orteils de l'athlète touchent le sol durant la course. Si les talons touchaient le sol, cela ralentirait le coureur.

Technique

1. Attente
Le coureur se concentre profondément et bloque sa respiration dans l'attente du signal de départ.

2. Départ
Au coup de pistolet, l'athlète libère le souffle retenu. En même temps, l'action explosive des bras et des jambes propulse le sprinter vers l'avant, le corps fortement incliné pour lui permettre d'accélérer plus rapidement.

3. Phase d'accélération
Le sprinter atteint une position définitive entre la cinquième et la huitième foulée. Seule la pointe de son pied touche le sol, son talon ne se posant pas une seule fois sur la piste.

Une foulée complète peut atteindre 2,40 m.

4. Phase de vitesse maximale
Le nombre de foulées peut s'élever jusqu'à cinq par seconde, ce qui représente une vitesse de 40 km/h. Cela peut se comparer à la vitesse maximale d'une bicyclette.

5. Maintien de la vitesse
À partir du 60e mètre, l'amplitude de la foulée est à son point culminant.

6. Arrivée
Même si le coureur avance le bras ou la jambe vers la ligne d'arrivée, on ne stoppe le chronomètre que lorsque son torse franchit cette ligne.

200 et 400 mètres

Chaussure
Identiques pour le 200 et le 400 m, les chaussures n'ont pas de talon et sont munies de crampons.

Les épreuves de 200 mètres et de 400 mètres sont toutes deux classées parmi les sprints longs. Les athlètes, hommes et femmes, partent vite et ont des foulées longues. Dans le 400 mètres, l'allure des coureurs ne doit jamais dépasser 90 % de leur vitesse maximale, car autrement, ils n'auraient pas assez d'énergie pour terminer la course. Les coureurs partent en positions décalées pour compenser l'arc de cercle plus petit des couloirs intérieurs. Cela permet d'assurer une distance égale pour tous les coureurs. Pendant la course, les athlètes doivent demeurer dans le couloir qui leur a été attribué.

Déroulement de la course

Les épreuves de 200 m et de 400 m demandent plus de résistance et d'agilité que le 100 m. En raison du départ en virage et de l'effort produit en position inclinée, les risques de blessure sont accrus. Il est impossible pour l'athlète de maintenir sa vitesse de pointe jusqu'à la fin de l'épreuve. Il doit se concentrer pour conserver une vitesse constante.

Départ
Le décalage au départ est plus marqué au 400 m, car il y a deux virages à parcourir.

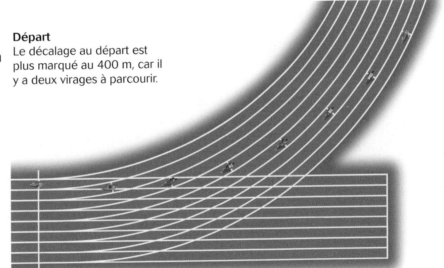

Les virages
Les athlètes peuvent glisser dans les virages, même si leurs chaussures sont munies de crampons. Des virages plus serrés entraînent un ralentissement. Cela signifie qu'un athlète courant dans un couloir extérieur a un léger avantage sur un coureur situé dans un couloir intérieur, ce dernier ayant un virage plus serré à parcourir.

800, 1500, 5000 et 10 000 mètres

Il s'agit de courses d'endurance mettant à l'épreuve la puissance des athlètes. Les épreuves de 800 et de 1500 mètres sont appelées courses de demi-fond, et les épreuves de 5000 et de 10 000 mètres, courses de fond. Les coureurs, hommes et femmes, partent en position debout, sans blocs de départ. Après le premier virage, les coureurs peuvent quitter leur couloir et se rabattre vers l'intérieur afin d'avoir moins de distance à parcourir. Les athlètes courent en peloton et doivent savoir jouer des coudes pour se protéger des autres coureurs. Ils doivent surveiller leurs concurrents, qui pourraient tomber devant eux.

Chaussure
Les chaussures sont munies de talons pour les épreuves dépassant 1500 m. Les athlètes doivent poser les talons au sol dans ces courses. Les semelles ont jusqu'à 11 crampons.

Distances
800 m = 2 tours
1500 m = 4 tours moins 1 virage
5000 m = 12,5 tours
10 000 m = 25 tours

Technique et tactiques

Dans les courses de 800 et de 1500 m, certains athlètes essaient d'imposer le rythme tout au long de l'épreuve, alors que d'autres conservent leur énergie en prévision de la fin de la course. Dans les courses de 5000 et de 10 000 m, les athlètes ont recours à d'autres stratégies, accélérant à différents moments et forçant leurs adversaires à s'écarter de leur rythme propre et à se fatiguer prématurément.

Relais

Ces épreuves sont courues en équipes de quatre athlètes qui doivent tour à tour porter le témoin le plus rapidement possible. Huit équipes s'affrontent en finale. Dans les relais, c'est le témoin, et non le coureur, qui est chronométré. Le passage du témoin doit s'effectuer rapidement, mais avec précaution ; si un coureur échappe le bâton, il doit le ramasser. Il y a deux types d'épreuves de relais : le 4 x 100 mètres et le 4 x 400 mètres.

Témoin
Mesurant entre 28 et 30 cm, le témoin est un tube rigide fait de bois ou de métal qui pèse au moins 50 g.

Technique

Dans ces deux relais, on place habituellement en première position le sprinter réputé pour être le plus rapide à la sortie des blocs. L'athlète qui sait finir en puissance est choisi pour terminer la course. Au 4 x 100 m, les coureurs doivent demeurer dans leur couloir. Au 4 x 400 m, seuls le premier tour et le premier virage du second tour sont courus en couloir.

Zone de transmission

Relais 4 x 100 m
Dans la zone d'accélération, le relayeur effectue de six à huit foulées. Il démarre quand le relayé franchit une marque placée de 6 à 9 m avant la zone d'accélération.

Dans la zone de transmission, le relayé crie pour indiquer au relayeur qu'il est sur le point de lui transmettre le témoin, puis il le dépose dans le creux de sa main.

Le relayeur poursuit le sprint qu'il a amorcé durant la transmission, sans regarder le témoin. C'est ce qu'on appelle un « passage à l'aveugle ».

Transmission du témoin

Prise française
Dans un mouvement de bas en haut, le relayé transmet le témoin dans la main bien ouverte du relayeur. Les deux coureurs doivent être parfaitement coordonnés.

Prise américaine
Le témoin est transmis dans un mouvement de haut en bas lorsque les deux coureurs sont presque au même niveau. Cette prise est plus facile, mais demande plus de temps.

Relais 4 x 400 m
Au 4 x 400 m, il y a un contact visuel plutôt qu'un passage à l'aveugle, car la fatigue qui survient chez le relayé peut faire varier sa vitesse. Une transmission misant sur des automatismes serait par conséquent trop risquée.

Saut en longueur et triple saut

Pour ces disciplines, les athlètes, hommes et femmes, font appel à toute leur puissance pour sauter le plus loin possible. Le saut en longueur consiste en un sprint à très grande vitesse suivi d'un saut. Le triple saut est un sprint suivi de deux bonds, puis d'un saut.

Chaussure
Les chaussures sont conçues de façon à soutenir fermement le pied et à prévenir les torsions lors de l'impulsion et de l'atterrissage.

Technique

Saut en longueur

1. Course d'élan
L'athlète accélère. Son corps est relâché, tandis qu'il recherche l'amplitude de la foulée. En approchant de la planche d'appel, il effectue une poussée d'un seul pied.

2. Saut
Les mouvements de l'athlète dans les airs ne modifient pas sa trajectoire ni sa vitesse, mais l'aident à conserver son équilibre.

3. Atterrissage
L'athlète projette ses jambes et ses bras vers l'avant afin d'inscrire la marque la plus éloignée possible du point d'appel.

Triple saut

Saut
L'athlète essaie de conserver sa vitesse pendant les trois sauts.

Fosse de réception
Remplie de sable, la fosse de réception est ratissée après chaque saut afin d'être au même niveau que la piste d'élan. Dans le saut en longueur et le triple saut, les distances sont mesurées de l'extrémité avant de la planche d'appel jusqu'à l'empreinte la plus rapprochée laissée par l'athlète dans le sable. Dans le cas du saut en longueur, les meilleurs athlètes atterrissent presque 9 m après la planche d'appel ; dans le triple saut, ils peuvent franchir plus de 18 m.

Planche d'appel

Le pied du sauteur ne doit pas toucher la bande de plasticine étendue devant la planche d'appel. Les officiels vérifient que le pied du sauteur n'y a pas laissé de marques.

Installations

Planche d'appel du saut en longueur |

Planche d'appel du triple saut |

Fosse de réception |

Marche

Au cours de cette épreuve, l'athlète a recours à une technique de marche très complexe pour avancer le plus vite possible sans jamais courir. Les courses peuvent s'effectuer sur 10, 20 ou 50 kilomètres. Beaucoup d'endurance et de souplesse sont nécessaires pour éviter la fatigue entraînée par ces mouvements difficiles.

Chaussure
Les chaussures sont légères, avec des semelles minces afin de limiter la friction avec le sol.

Règlements

Ce qui différencie cette discipline de la course, c'est que dans la marche, un pied doit toujours être en contact avec le sol. Les marcheurs doivent se conformer à cette règle pendant toute la course. Les juges les suivent pour surveiller leurs mouvements. Si trois juges constatent une infraction, l'athlète est disqualifié.

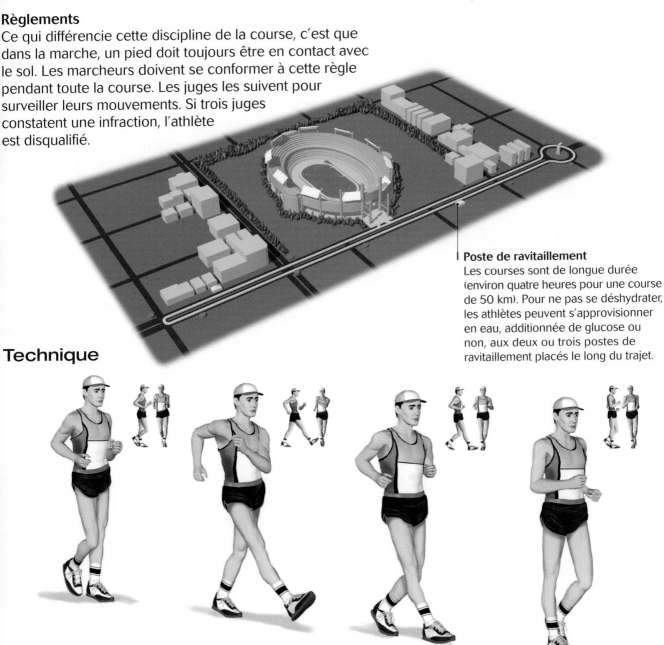

Poste de ravitaillement
Les courses sont de longue durée (environ quatre heures pour une course de 50 km). Pour ne pas se déshydrater, les athlètes peuvent s'approvisionner en eau, additionnée de glucose ou non, aux deux ou trois postes de ravitaillement placés le long du trajet.

Technique

Le marcheur effectue une poussée de sa jambe arrière, tandis qu'il tend l'autre jambe en avançant la hanche. Le travail dynamique de ses bras donne plus d'amplitude à ses foulées et favorise son équilibre.

Avant que son pied arrière ne quitte le sol, l'athlète pose son pied avant. En posant les pieds l'un devant l'autre sur une ligne droite, il se sert ensuite de sa jambe avant pour se soulever vers l'avant. La vitesse du marcheur peut dépasser 15 km/h.

Marathon

Le marathon est la course qui constitue le test ultime d l'endurance : il couvre une distance de 42 195 km ! La course commence généralement dans un stade, pu se poursuit sur route. La chaleur, le vent, la pluie et un terrain accidenté (avec des pentes, par exemple) ajoutent à la difficulté de l'épreuve. Le marathon est l'une des rares épreuves où les amateurs courent en même temps que les champions.

Technique et tactiques

Deux principaux écueils guettent les athlètes : l'épuisement physique et mental. Le vainqueur termine la course en environ deux heures. Les coureurs doivent conserver leur énergie et boire de l'eau pour éviter la déshydratation. Certains athlètes courent en peloton et se déplacent à la même vitesse, alors que d'autres guettent les moindres signes de faiblesse de leurs concurrents pour tenter de les dépasser.

Chaussure
Les chaussures des marathoniens sont légères et assurent à la fois la stabilité du pied et l'absorption des chocs.

Postes de ravitaillement
Ces postes sont très importants, car les coureurs ne peuvent emmagasiner suffisamment d'énergie pour courir à de grandes vitesses pendant tout le trajet. Les athlètes peuvent perdre jusqu'à trois litres d'eau à l'heure par sudation.

Cross-country

Chaussures
Généralement faites de nylon, les chaussures comportent un maximum de 11 crampons de caoutchouc pour procurer une bonne adhérence en terrain boueux.

Il s'agit d'une course de fond disputée sur terrain accidenté. La combinaison de terrains vallonnés, d'obstacles naturels et d'intempéries peuvent ajouter à la difficulté de l'épreuve. Les compétitions se tiennent parfois sur un tracé artificiel dans un stade. Le championnat du monde comprend une course de 4 km pour hommes et femmes combinés, à laquelle s'ajoutent une épreuve de 8 km pour les femmes et une épreuve de 12 km pour les hommes. Le nombre de participants peut varier de 100 à 35 000. Les athlètes courent de façon individuelle ou par équipes de quatre.

Installations

Le tracé de l'épreuve compte de 3 à 12 km. Le départ et l'arrivée ont habituellement lieu au même endroit, et le parcours est en forme de boucle. Pour des raisons financières et pratiques, les organisations officielles de cross-country désertent de plus en plus la campagne au profit des stades.

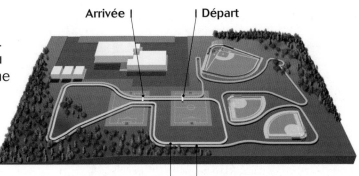

Arrivée | Départ

Boucle de 1 km | Boucle de 2 km

Course en plein air

Même si la pluie, la neige et le vent accroissent la difficulté de la course, la vitesse demeure très élevée : 12 km en 40 minutes !

Heptathlon et décathlon

Au cours de ces épreuves, des athlètes complets s'affrontent dans 7 ou 10 disciplines différentes. Les hommes participent au décathlon (10 disciplines) et les femmes au heptathlon (sept disciplines). Les compétitions durent de 8 à 10 heures et s'étalent sur deux jours. Les athlètes se font attribuer des points pour leur performance dans chaque épreuve. Le vainqueur est l'athlète qui accumule le total de points le plus élevé.

Heptathlon

Premier jour

1. 100 m haies **2.** Saut en hauteur

Deuxième jour

3. Lancer du poids **4.** 200 m **5.** Saut en longueur **6.** Lancer du javelot **7.** 800 m

Décathlon

Premier jour

1. 100 m **2.** Saut en longueur **3.** Lancer du poids **4.** Saut en hauteur

Deuxième jour

5. 400 m **6.** 100 m haies **7.** Lancer du disque

8. Saut à la perche **9.** Lancer du javelot **10.** 1500 m

Sports cyclistes

Cyclisme sur route

En cyclisme sur route, l'objectif est de franchir une distance donnée en pédalant plus vite que les autres concurrents. Les cyclistes, hommes et femmes, évoluent habituellement en équipes de 6 ou 10, mais obtiennent des résultats individuels. Les membres d'une équipe aident le meilleur d'entre eux à gagner la course, en protégeant sa position et en tentant de contrôler les échappées des adversaires.

Coupes et championnats

Classiques

Les cyclistes partent tous ensemble et franchissent en une journée un parcours reliant deux villes. Les 25 coureurs les plus rapides obtiennent des points : 100 points pour la 1re place, un point pour la 25e place. Le coureur ayant accumulé le plus de points en une saison remporte la Coupe du monde.

Courses en circuit

Les coureurs effectuent un nombre défini de tours d'un circuit routier. Le plus rapide remporte la course. Le Championnat du monde est une course en circuit et se dispute sur des circuits différents d'une année à l'autre.

Contre la montre

Les coureurs partent séparément, à des intervalles d'une minute ou deux, et doivent effectuer le même parcours le plus rapidement possible.

Courses par étapes

Elles se disputent sur une période allant de 2 à 22 jours. Chaque étape dure une journée et ne doit pas dépasser une distance de 260 km. Le vainqueur est le coureur qui met le moins de temps à couvrir l'ensemble des étapes. Le Tour de France et le Tour d'Italie (le «Giro») sont des courses par étapes qui couvrent presque 4000 km !

Vélos

Vélo de course sur route

Ce vélo a habituellement 18 braquets, ce qui permet au cycliste de s'ajuster à différents types de terrains. Le cadre, en aluminium, en fibre de carbone ou en titane, est léger et résistant. Ce vélo est construit sur mesure pour le cycliste et doit lui permettre d'adopter une position aérodynamique : les coudes fléchis pour amortir les chocs et la poitrine dégagée pour faciliter le travail respiratoire.

Vélo de contre la montre

Conçu pour offrir le meilleur aérodynamisme, ce vélo est pourvu de boyaux plus étroits et plus légers que ceux du vélo de course classique. La roue arrière est pleine et permet une plus grande vitesse, car, en tournant sur elle-même, elle offre moins de résistance à l'air qu'une roue à rayons. La roue avant est toutefois munie de rayons parce qu'une roue pleine offrirait trop de prise à un vent latéral qui risquerait de faire incliner le vélo.

Cyclisme sur route

Aérodynamisme

Lorsqu'un cycliste pédale, la force de l'air exerce une poussée sur lui, ce qui le ralentit. Pour contrer cet effet, le cycliste adopte une position aérodynamique, qui lui permet de fendre l'air plus facilement. Les vélos de course, qui sont conçus pour offrir une moindre résistance à l'air, sont également aérodynamiques. L'aérodynamisme contribue à accroître la vitesse du cycliste.

Descente

Le coureur est constamment en recherche de vitesse, le corps à l'horizontale, le plus bas possible sur le vélo pour minimiser sa résistance au vent. Il place les mains dans le creux du guidon et rapproche les jambes du corps. Dans cette position, il peut atteindre une vitesse supérieure à 90 km/h.

Montée

Si la pente est très abrupte, le coureur effectue sa montée en « danseuse », c'est-à-dire debout sur les pédales, en se servant de son poids pour appuyer sur les pédales.

Voiture d'équipe

Chaque équipe dispose de plusieurs voitures dans lesquelles se trouvent le directeur sportif, les entraîneurs, les mécaniciens et les vélos de remplacement.

Moto de tête

Située en avant du premier coureur, elle annonce le passage imminent des coureurs et vérifie que la route est dégagée en avant de la course.

Peloton

Selon les courses, il peut comporter plus de 150 coureurs qui sont obligés de rouler très près les uns des autres. Ils doivent être vigilants pour éviter les chutes.

Premier coureur

Cyclisme sur piste

En cyclisme sur piste, les coureurs ont différents objectifs selon les disciplines : rattraper leurs adversaires ou marquer le plus de points. Dans les épreuves de vitesse, les cyclistes doivent atteindre leur vitesse maximale et la conserver. Dans les épreuves d'endurance, ils doivent pédaler à une vitesse constante sur une longue distance. Rouler sur une piste inclinée dans un peloton de cyclistes exige précision et maîtrise ; le vélo peut atteindre des vitesses considérables dans les virages fortement inclinés, mais il ne comporte ni dérailleur ni freins pour le ralentir.

Épreuves d'endurance

Poursuite individuelle et poursuite par équipes

Deux coureurs placés à l'opposé l'un de l'autre s'affrontent sur une distance de 4 km (hommes) ou 3 km (femmes). Le but est de parvenir à rattraper l'adversaire et à couvrir la totalité de la distance dans le temps le plus court. La poursuite par équipes est une discipline masculine similaire dans laquelle quatre cyclistes se relaient pour mener le reste de leur équipe autour de la piste.

Vitesse olympique

Deux équipes de trois cyclistes prennent place au départ sur chacune des lignes de poursuite, sur les côtés opposés de la piste. À tour de rôle, les coureurs mènent leur équipe durant un tour entier. Le chronomètre s'arrête au passage du troisième coureur à la fin du troisième tour.

Course à l'américaine (ou Madison)

Il s'agit de la course la plus longue, couvrant entre 20 et 60 km. C'est également celle où l'on retrouve le plus grand nombre de cyclistes (jusqu'à 18 équipes de deux coureurs chacune). Un équipier prend part à la course pendant que l'autre tourne plus lentement et récupère. Chaque relais dure généralement un tour et demi. L'objectif est d'effectuer le plus grand nombre de tours durant le temps imparti.

Cyclisme sur piste

Épreuves de vitesse

Contre la montre

Dans cette épreuve de 1000 m (500 m pour les femmes), il n'y a qu'un cycliste sur la piste à la fois. Du signal de départ jusqu'à l'arrivée, le coureur est seul et s'efforce de couvrir la distance le plus rapidement possible.

Sprint

La course met aux prises deux coureurs qui partent sur la même ligne et effectuent trois tours, dont seuls les 200 derniers mètres sont chronométrés. Les coureurs se surveillent, changent de position et font parfois même du surplace avant d'attaquer le sprint jusqu'à la ligne d'arrivée.

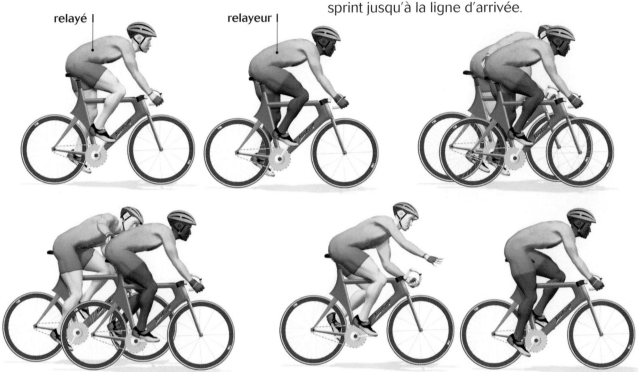

relayé | relayeur |

Technique du relais

Afin de transférer sa vitesse à son coéquipier qui prend le relais et lui donner un élan, le coureur qui termine sa séquence accroche une pièce fixée au vélo de son partenaire ou la main de ce dernier, et le propulse vers l'avant. Cette technique demande un long apprentissage.

Ligne de poursuite
Elles indiquent le point de départ et d'arrivée de chacun des cyclistes pour les épreuves de poursuite. |

Plate-forme du jury
Dix juges contrôlent le déroulement de la course et donnent les résultats de cette plate-forme.

Ligne d'arrivée
C'est la ligne d'arrivée des épreuves autres que les poursuites. |

Piste

Les pistes ovales ont entre 250 m et 400 m de long. La piste peut être abrupte dans les virages ; sur une piste de 9 m de largeur, la bordure extérieure peut être aussi haute qu'un immeuble de deux étages !

| Ligne de poursuite

Quartier des coureurs |
Aire de repos et de soins pour les coureurs entre les courses. C'est aussi là que les mécaniciens vérifient et réparent les vélos.

| **Ligne des 200 m**
C'est à partir de cette ligne que les coureurs sont chronométrés dans l'épreuve de sprint.

BMX

Le BMX, version cycliste du motocross, est un sport spectaculaire qui combine les qualités physiques du cycliste et la maîtrise de techniques acrobatiques poussées. De nos jours, les cyclistes, hommes et femmes, passent souvent plus de temps dans les airs que sur le sol! On compte plusieurs types de disciplines BMX. Les courses sur piste et les compétitions de dirt ont lieu sur des pistes de terre battue, alors que le BMX acrobatique ou freestyle se déroule sur le flatland, le street et la rampe.

Équipement

Casque avec mentonnière
Il est obligatoire pour la course sur piste et est largement utilisé en dirt et à la rampe.

Coudière

Protège-tibia

Genouillère

Course sur piste

Les cyclistes doivent parcourir le plus rapidement possible une piste de terre battue jalonnée d'obstacles et de bosses. Sans jamais cesser de pédaler, ils essaient de demeurer le plus possible au sol en dépit des bosses. La course ne dure que de 30 à 45 secondes. Huit cyclistes s'affrontent en même temps; les quatre plus lents sont éliminés.

Tactique

Le coureur qui atteint la première courbe en tête a de bonnes chances de conserver sa position pour le reste de l'épreuve. Il a alors deux avantages : aucun autre cycliste ne se trouve devant lui et il peut contrôler le rythme de la course.

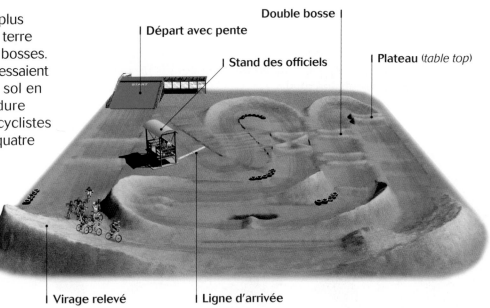

Double bosse

Départ avec pente

Stand des officiels

Plateau (*table top*)

Virage relevé

Ligne d'arrivée

Compétition de dirt

Les concurrents bénéficient de trois essais pour effectuer des sauts acrobatiques entre deux bosses. Quatre juges évaluent les sauts d'après leur difficulté et leur exécution. Le vainqueur de l'épreuve est celui qui a accumulé le plus de points après ses trois essais en finale.

Tailwhip

2. À l'aide de son pied droit, il pousse la roue arrière du vélo pour faire pivoter le cadre.

le cycliste prend une sse d'élan suffisante pour sauter haut.

3. Il interrompt la rotation en posant le pied gauche sur la pédale et en se servant de son pied droit pour stabiliser le vélo.

4. Tout au long de la réalisation du mouvement, le cycliste ne quitte pas l'aire de réception des yeux afin d'anticiper l'atterrissage.

BMX

Flatland

Cette spécialité très exigeante demande un entraînement constant. Sur un terrain plat, accompagné d'une musique de fond, le cycliste doit enchaîner plusieurs figures acrobatiques avec son vélo. Il est pénalisé chaque fois qu'un de ses pieds touche le sol. Chaque concurrent effectue deux passages de qualification. Le temps de passage est habituellement de 2 min 30 s. Les 20 concurrents les mieux classés au terme des qualifications s'affrontent en finale. Quatre juges évaluent leurs prestations et leur décernent une note globale sur 100 points. Ils tiennent compte des difficultés techniques, de l'aspect chorégraphique et de l'originalité des liaisons.

Decade

1. Les pieds sur les repose-pieds arrière, le cycliste actionne fermement le frein arrière et soulève sa roue avant.

3. Le poids de son corps reposant entièrement sur le guidon, il effectue une rotation complète (360°).

5. La figure est terminée quand le cycliste repose les deux pieds sur les pédales.

2. Il pose le pied droit sur le cadre de son vélo pour lancer la rotation autour du guidon.

4. À la fin de la rotation, il repose le pied gauche sur le cadre et laisse descendre sa roue avant.

Rampe

Sur une musique de fond, les athlètes ont 1 min 30 s pour effectuer des acrobaties aériennes sur une rampe en forme de demi-tube. Il y a deux types de figures : les aerials, qui sont des sauts au-dessus de la rampe, et les lip-tricks, qui sont des mouvements réalisés sur l'arête de la rampe. Quatre juges accordent une note globale sur 100 points selon la hauteur, la difficulté technique et la fluidité des figures.

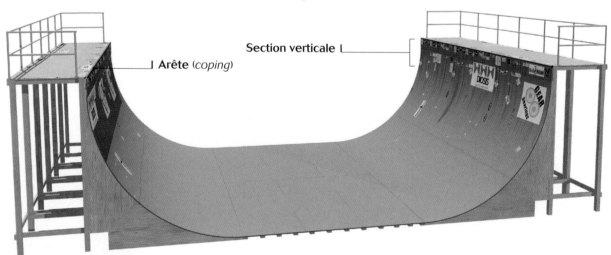

Section verticale

Arête *(coping)*

Street

Dans cette discipline, le tracé est parsemé d'obstacles qu'on peut rencontrer dans une rue : rampes d'escalier, bancs, murs. Pendant 1 min 30 s, les cyclistes réalisent des figures acrobatiques en se servant de ces obstacles. Les juges évaluent leurs prestations en fonction de la difficulté technique et de l'originalité des figures, qui peuvent se classer dans deux catégories : les sauts (*jumps*) et les glissades en prenant appui sur les repose-pieds (*grinds*).

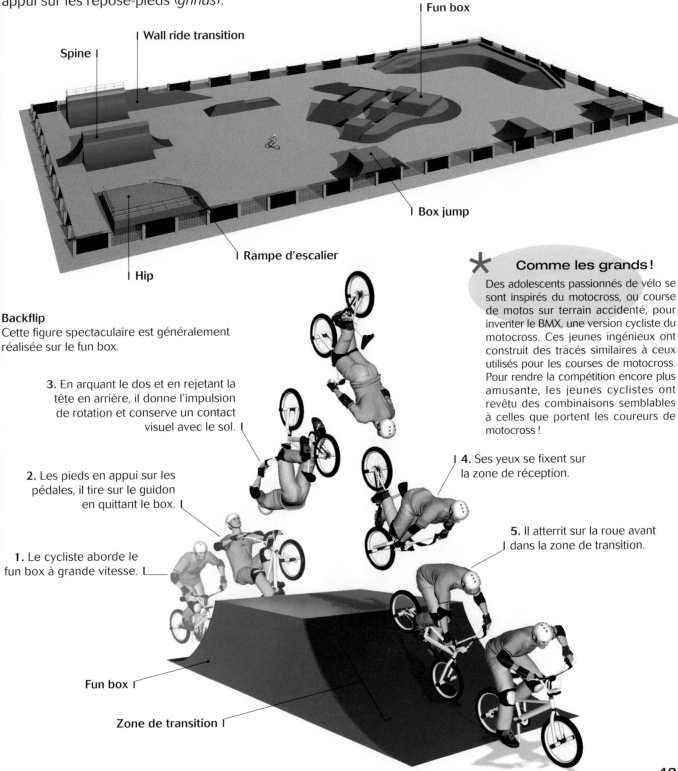

Spine | Wall ride transition | Fun box | Box jump | Rampe d'escalier | Hip

Comme les grands !

Des adolescents passionnés de vélo se sont inspirés du motocross, ou course de motos sur terrain accidenté, pour inventer le BMX, une version cycliste du motocross. Ces jeunes ingénieux ont construit des tracés similaires à ceux utilisés pour les courses de motocross. Pour rendre la compétition encore plus amusante, les jeunes cyclistes ont revêtu des combinaisons semblables à celles que portent les coureurs de motocross !

Backflip
Cette figure spectaculaire est généralement réalisée sur le fun box.

3. En arquant le dos et en rejetant la tête en arrière, il donne l'impulsion de rotation et conserve un contact visuel avec le sol.

2. Les pieds en appui sur les pédales, il tire sur le guidon en quittant le box.

1. Le cycliste aborde le fun box à grande vitesse.

4. Ses yeux se fixent sur la zone de réception.

5. Il atterrit sur la roue avant dans la zone de transition.

Fun box

Zone de transition

Vélo de montagne

Le vélo de montagne se pratique sur des parcours comprenant des obstacles difficiles et des pentes abruptes. Les vélos sont équipés de suspensions renforcées pour permettre une conduite précise et en souplesse malgré le terrain accidenté. Les athlètes doivent avoir un bon équilibre, d'excellents réflexes et beaucoup d'endurance. Les cyclistes, hommes et femmes, participent à deux types d'épreuves : le cross-country et la descente.

Compétition de cross-country

La longueur du parcours varie entre 25 et 40 km, et la course dure environ deux heure. Chaque cycliste s'efforce d'être le plus rapide pour franchir la ligne d'arrivée le premier. Le parcours est parsemé d'obstacles inattendus, la pluie peut rapidement rendre le terrain boueux. De plus, les coureurs n'ont droit à aucune assistance extérieure, même s'ils ont une crevaison ou un bris mécanique durant la course. Ils doivent transporter leurs propres outils et effectuer leurs réparations sur place.

Vélo
Le vélo est très léger et solide, avec de larges pneus à crampons. Il comprend de 18 à 27 vitesses pour faire face à tous les types de terrains et est pourvu d'un contenant de dioxyde de carbone pour regonfler les pneus une fois réparés.

Vélo de montagne

Franchissement des obstacles

Le coureur doit anticiper le type de terrain entourant l'obstacle qu'il est sur le point de franchir. Le fait de savoir si le sol est glissant, mou ou dur déterminera son approche.

Obstacles au sol

Le cycliste s'approche de l'obstacle sans arrêter de pédaler pour conserver toute sa vitesse. Dès que sa roue avant a franchi l'obstacle, il reporte son poids vers l'avant pour faciliter le passage de la roue arrière.

Montée

Dans les montées courtes, le cycliste peut se tenir debout sur les pédales. Cependant, s'il s'incline trop vers l'avant, il risque d'amoindrir la traction de la roue arrière, ce qui peut faire glisser ou déraper le vélo.

Vélo de montagne

Compétition de descente

Il s'agit d'une épreuve de vitesse sur une pente abrupte parsemée d'obstacles. Les cyclistes courent contre la montre, l'un après l'autre, sur une longueur de 2 à 5 km, et peuvent atteindre des vitesses de plus de 90 km/h ! Avant la course, les cyclistes font une reconnaissance du parcours pour noter les obstacles qu'ils risquent de rencontrer. Durant l'épreuve, ils ne disposeront que de dixièmes de seconde pour les éviter.

Virage
En prenant le virage à haute vitesse, le cycliste sort sa jambe pour augmenter sa stabilité et pour avoir un point d'appui supplémentaire en cas de dérapage.

Équipement

En raison des risques de chute, les cyclistes doivent porter des protections dorsales et d'épaules, un plastron, des lunettes de protection et un casque avec mentonnière.

Vélo

Le vélo n'a que huit vitesses. Son poids a peu d'importance, mais il doit être très solide et rigide. Il est équipé de freins à disque (similaires à ceux d'une motocyclette) ainsi que d'une suspension à grand débattement pour absorber les chocs dus aux sauts.

Guidon surélevé

Pédale avec cale élargie

Suspension renforcée

Freins hydrauliques à disque

Sports gymniques

Gymnastique artistique
Gymnastique rythmique
Trampoline

Gymnastique artistique

Les gymnastes visent toujours la perfection, tout en cherchant à donner une impression d'aisance. Les athlètes doivent faire preuve d'assurance et d'une technique parfaite en exécutant leurs mouvements au cours d'une série d'épreuves ayant recours à divers appareils (agrès). La puissance musculaire, l'équilibre, la souplesse et une forte capacité de concentration sont des éléments indispensables pour arriver à monter sur le podium.

Déroulement des compétitions

Regroupés en équipes de quatre à sept gymnastes, les athlètes présentent tour à tour leurs programmes qui doivent inclure au moins 10 figures acrobatiques. Les épreuves au sol et à la poutre sont chronométrées. Il y a six épreuves pour les hommes et quatre pour les femmes. Les compétitions commencent par le concours par équipes ; les athlètes ayant obtenu le plus de points se qualifient pour les finales individuelles.

Équipement

Chausson
Les gymnastes peuvent porter des chaussons ou rester pieds nus pour exécuter leurs programmes.

Manique
Les maniques permettent aux gymnastes d'avoir une meilleure prise sur les appareils avec un effort moindre. Elles les protègent également contre les ampoules et les brûlures par friction.

Double salto arrière position carpée
Le double salto arrière peut être exécuté dans le cadre du programme féminin au sol. Il s'agit d'un saut périlleux arrière comprenant deux rotations complètes dans les airs avant le retour au sol. La gymnaste obtient l'élan nécessaire au moyen d'un renversement arrière suivi d'un saut puissant.

Gymnastique artistique

Décompte des points

Les gymnastes sont évalués par des juges qui attribuent une note à leur programme selon le niveau de difficulté et la qualité d'exécution. Avant la compétition, les gymnastes remettent aux juges une liste des figures qu'ils enchaîneront dans leur programme. Pour chaque imperfection dans la réalisation du programme, les juges déduisent plusieurs dixièmes de point. Les juges sont très exigeants et accordent rarement une note parfaite de 10 points !

Épreuves féminines

Dans ces épreuves, l'expression artistique est aussi importante que l'agilité acrobatique. Les compétitions internationales comportent les épreuves suivantes : cheval sautoir, barres asymétriques, poutre d'équilibre et sol.

Programme féminin au sol

Les gymnastes présentent un programme avec accompagnement musical d'une durée de 70 à 90 secondes. Elles doivent exploiter toute la surface disponible tout en ne sortant pas des limites du praticable. Le programme, qui combine des sauts et des vrilles, doit mettre en valeur le tonus, l'agilité et l'originalité de la concurrente.

Double Schuschunova
Il vient la plupart du temps conclure un enchaînement de figures. Il apporte l'élément artistique exigé des athlètes féminines.

 Note parfaite

Lors des Jeux olympiques de 1976, à Montréal, la Roumaine Nadia Comaneci a été la première gymnaste de l'histoire à obtenir une note parfaite de 10 points. Cet exploit a été suivi de six autres notes parfaites, un record jusqu'ici inégalé !

Agrès
Désigne les barres et autres appareils utilisés dans toutes les épreuves de gymnastique, sauf les épreuves au sol.

Sortie
À la fin d'un programme, la sortie permet au gymnaste de quitter l'appareil en exécutant une figure acrobatique. Les sorties acrobatiques sont généralement complexes et visent à impressionner les juges. À moins qu'elle ne soit parfaite, la sortie n'apporte aucun point supplémentaire au gymnaste.

Magnésie
Il s'agit de la poudre blanche qu'on peut voir sur les mains et les pieds des gymnastes. Elle aide à rendre les surfaces moins glissantes et assure une meilleure prise sur l'appareil.

Programme
Un programme est une série de figures réalisées par les gymnastes devant des juges au cours d'une compétition.

Salto
Un salto est un saut périlleux avant ou arrière. La position du corps peut être groupée (voir double salto arrière, programme masculin au sol), carpée (voir double salto arrière, programme féminin au sol) ou tendue (voir Tsukahara tendu avec vrille, cheval sautoir – hommes).

Gymnastique artistique

Anneaux

Les anneaux sont suspendus à 2,55 m au-dessus du sol. Au début de l'exercice, les gymnastes sont aidés par leur entraîneur, mais ils ne doivent ensuite compter que sur leur propre force. Ils démontrent leur puissance musculaire et leur équilibre par une série d'immobilisations atteintes avec ou sans mouvement d'élan. Le programme se termine par une sortie acrobatique.

Anneaux

Ils sont en bois ou en plastique et sont suspendus à des lanières de cuir.

Croix renversée

Lorsqu'elle est réalisée sans mouvement préalable d'élan, toute la puissance musculaire et la concentration du gymnaste sont nécessaires. Il doit maintenir cette position pendant plusieurs secondes pour qu'elle soit réussie.

Barres parallèles

Dans un exercice exploitant toute la longueur de l'agrès, le gymnaste montre ses qualités acrobatiques et son dynamisme. Aidé par l'élasticité des barres, l'athlète exécute saltos, élans et suspensions.

Barres parallèles

Elles sont en bois avec armature de fibre de verre ; les montants en acier peuvent être ajustés en fonction de la taille du gymnaste.

Diamidov

Après un tour complet autour du bras d'appui, l'athlète reprend son équilibre et demeure en position sur ses bras tendus pendant plusieurs secondes.

Gymnastique artistique

Cheval d'arçons

En s'appuyant uniquement sur ses mains, l'athlète balance ses jambes au-dessus du cheval d'arçons, en ne laissant jamais le reste de son corps entrer en contact avec ce dernier. Son programme est composé de balancements circulaires, de ciseaux de jambes et de cercles de jambes pratiqués sur toutes les parties du cheval et exécutés de façon continue. Les mouvements indépendants des mains et des pieds demandent une excellente coordination et une grande puissance musculaire.

Cheval d'arçons
Il est en bois ou en acier, recouvert de cuir ou d'une matière synthétique. Les arçons sont en bois ou en matière plastique.

Thomas Flair
Le gymnaste ne peut contrôler ses appuis de mains du regard que lorsque ses jambes sont derrière le cheval. Il doit maintenir un écart de jambes optimal.

Programme masculin au sol

Les mouvements au sol doivent faire ressortir la force, la souplesse et l'agilité du gymnaste. Il doit donner l'impression de bondir sans effort apparent tout en exécutant une série de sauts acrobatiques. Il doit exploiter toute la surface disponible dans un programme diversifié et original.

Double salto arrière position groupée
Un flic-flac arrière donne l'élan pour un double salto. Au moment de l'impulsion, le gymnaste prend un repère visuel au loin et ne le perd pas de vue pendant le mouvement.

Barre fixe

L'évolution autour de la barre doit être continue et fluide, et comprendre des changements de prise, des lâchers et des reprises de barres, des rotations avant et arrière, des éléments avec envol et des combinaisons de tours sur différents appuis. Les rotations donnent l'élan nécessaire pour l'exécution d'une sortie acrobatique spectaculaire.

Dislocation
Le gymnaste engage ses jambes tendues entre ses bras et dégage son corps en pivotant autour de ses épaules. Il complète le mouvement par un appui tendu renversé.

Barre fixe
La barre est en acier inoxydable et les montants (semi-réglables) en acier.

Gymnastique rythmique

Dans cette discipline exclusivement féminine, la chorégraphie et l'expression artistique sont aussi importantes que les éléments gymniques. L'originalité et une composition personnalisée procurent des points supplémentaires à la gymnaste. Celle-ci doit combiner les mouvements gracieux de la danse et le contrôle musculaire nécessaire à la réalisation des figures acrobatiques.

Chausson
Sans talon, il facilite les tours et les réceptions des sauts.

Déroulement d'une compétition

Accompagnée par la musique instrumentale de son choix, la gymnaste exécute des mouvements de danse et de gymnastique tout en manipulant l'un des cinq engins suivants : corde, ballon, cerceau, ruban et massues. Pendant qu'elle lance, attrape ou fait rouler son engin, elle doit être constamment en mouvement. Les juges évaluent selon des critères techniques et artistiques. Les athlètes se voient attribuer des points par équipe et de façon individuelle. Au concours des ensembles, cinq gymnastes évoluent ensemble en exécutant simultanément le même programme.

Cheveux
Ils sont toujours attachés pour ne pas gêner les mouvements de la gymnaste ni bloquer son champ visuel.

Technique

Les divers engins, comme le ballon et la corde, sont utilisés de façon différente. Cependant, tous les programmes comprennent ces quatre figures fondamentales : saut, pivot, onde et équilibre.

Pivot   Onde   Équilibre   Saut

Gymnastique rythmique

Équipement

Les gymnastes doivent démontrer qu'elles peuvent évoluer indépendamment de l'engin, qui doit lui-même demeurer en mouvement constant.

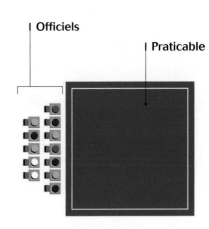

Cerceau
Il permet une grande variété de manipulations : rotations, lancers, roulés et passages au travers.

Massues
La gymnaste lance et fait tourner les massues de manière à souligner le rythme et la chorégraphie.

Corde
Il s'agit de l'exercice le plus exigeant sur le plan physique. Garder la corde en mouvement constant demande force et résistance.

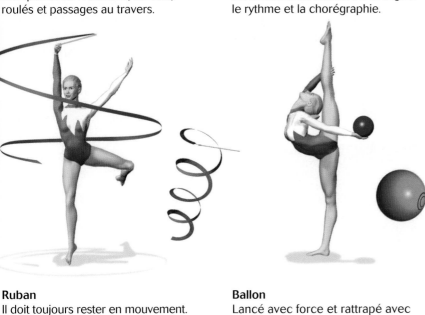

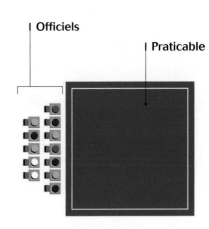

Ruban
Il doit toujours rester en mouvement. La gymnaste s'en sert pour créer des dessins tels que des cercles et des spirales.

Ballon
Lancé avec force et rattrapé avec douceur, il permet à la gymnaste de faire ressortir toutes les facettes de son talent.

Officiels
De nombreux juges se partagent la tâche d'évaluer la prestation des gymnastes : un premier groupe de juges est chargé de la valeur artistique, un deuxième de la valeur technique et un troisième de la qualité d'exécution. Le juge coordonnateur réunit leurs résultats et attribue la note finale.

Praticable
Il est recouvert de tapis. La hauteur du plafond doit être d'au moins 8 m pour permettre des lancers d'une amplitude suffisante.

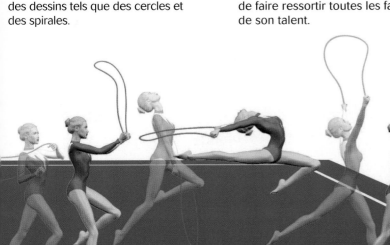

Trampoline

Grâce au trampoline, les gymnastes, hommes et femmes, peuvent bondir jusqu'à huit mètres dans les airs, presque la hauteur d'un bâtiment de deux étages ! Cela donne le temps aux trampolinistes d'exécuter des figures acrobatiques complexes. Les athlètes doivent toujours connaître leur position exacte dans les airs et garder une maîtrise totale de leurs rebonds et de leurs réceptions.

Déroulement d'une compétition

Chaque athlète exécute trois séries de 10 figures acrobatiques. Les figures sont des combinaisons de saltos (avant ou arrière) et de vrilles. L'une des figures les plus difficiles à réaliser comprend trois saltos et trois vrilles. Lors d'une série, il est interdit de refaire deux fois les mêmes figures. Les réceptions doivent toujours se faire dans la zone de saut. Les juges accordent des points en fonction du niveau de difficulté et de la qualité d'exécution. Les figures sont si complexes que deux juges sont chargés de comptabiliser les saltos et les vrilles.

Technique

Comme en gymnastique, les figures peuvent être effectuées dans trois positions : tendue, carpée et groupée.

Protection de cadre

Pareur
En cas de perte de contrôle, les pareurs limitent les risques de blessure en amortissant la chute des concurrents.

Tendue

Carpée

Double mini-trampoline

Évolution du mini-trampoline utilisé par les gymnastes en entraînement, le double mini-trampoline est maintenant présent dans les compétitions internationales. Après une course d'élan, le gymnaste enchaîne une série de figures aériennes en rebondissant sur les deux trampolines. L'athlète doit terminer au sol en position fixe dans la zone de réception.

Groupée

Sports aquatiques

Natation
Natation synchronisée
Water-polo
Plongeon

Natation

L'objectif du nageur est de glisser dans l'eau le plus rapidement possible et avec un minimum d'effort. Les nageurs et nageuses s'entraînent sans relâche pour perfectionner leur technique. La compétition est une course contre des adversaires et contre la montre. Les concurrents peuvent s'affronter en équipes de relais ou de façon individuelle. Les épreuves consistent à compléter des longueurs de bassin variant de 50 à 1500 mètres. Certains athlètes s'entraînent afin de se spécialiser dans l'un des quatre styles de nage reconnus : la brasse, le dos crawlé, le papillon et la nage libre. D'autres choisissent de se spécialiser dans le quatre nages, où ils doivent combiner les quatre styles au cours d'une même épreuve. Lors des compétitions, les nageurs s'affrontent par étapes : qualifications, quarts de finale et demi-finales. La finale met en présence les huit nageurs les plus rapides.

Poignées ou étriers pour départs dos

Plot de départ
Il y a un plot de départ par couloir. Il est situé entre 50 et 75 cm au-dessus de l'eau et sa surface est recouverte d'une matière antidérapante.

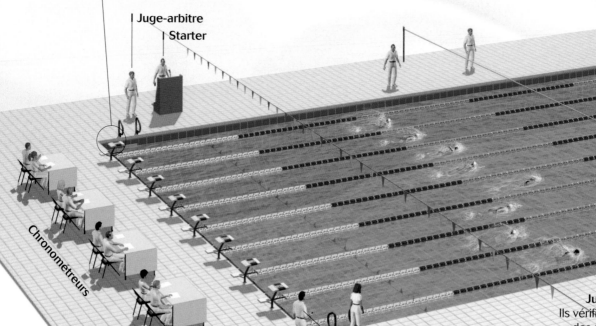

Juge-arbitre
Starter

Chronométreurs

Juge de nage (4)
Ils vérifient la régularité des mouvements de chaque nageur.

Chef chronométreur
Les chronométreurs surveillent et notent les temps des nageurs en cas de défaillance du dispositif de chronométrage électronique. Le chef chronométreur valide les temps enregistrés électroniquement après vérification avec les chronométreurs.

Juge en chef d'arrivée
Il note et annonce l'ordre d'arrivée des nageurs.

Départs

Au premier coup de sifflet du starter, les concurrents prennent position sur les plots de départ. Au deuxième signal, ils plongent dans le bassin. Dans le cas du dos crawlé, le départ se fait dans l'eau, le nageur tenant les étriers de départ. Si un nageur s'élance trop tôt, il est automatiquement disqualifié.

Départ avant
Les nageurs sont en apnée jusqu'au signal de départ, après lequel ils s'élancent par une poussée maximale des jambes, le corps en complète extension avant d'entrer dans l'eau.

Départ dos
Les nageurs sont dans le bassin, les mains placées sur les étriers de départ. Les pieds, en appui sur la paroi, doivent être entièrement sous l'eau. Au signal, les mains lâchent les étriers et les jambes exercent une poussée vers le bassin. Le corps est arqué au-dessus de la surface pour entrer dans l'eau le plus loin possible.

Plaques électroniques de touche
Les temps des nageurs sont souvent très rapprochés. Pour déterminer le vainqueur avec plus d'exactitude, des plaques électroniques de touche sont placées aux extrémités de chaque couloir. Dès qu'un nageur les touche, le chronomètre s'arrête.

Inspecteurs
Ils vérifient la régularité des virages.

Drapeaux

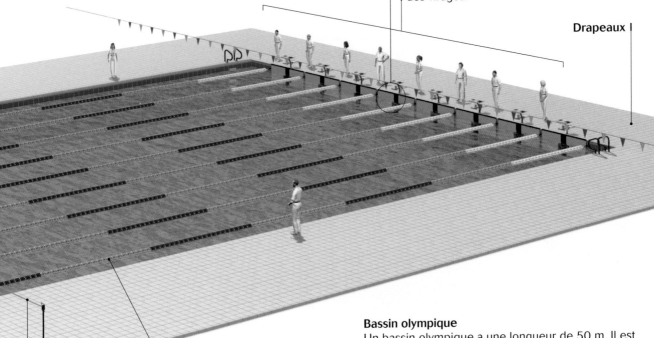

Flotteurs de ligne d'eau

Corde des faux départs
Elle est placée à 15 m du mur de départ. Lorsqu'on constate un faux départ, un coup de pistolet identique au signal de départ indique aux nageurs qu'ils doivent regagner leur plot. En même temps, la corde tombe dans l'eau.

Bassin olympique
Un bassin olympique a une longueur de 50 m. Il est divisé en huit couloirs séparés par des flotteurs de ligne d'eau de couleurs variées. Les lignes de couloir tracées au fond du bassin guident les nageurs et les aident à demeurer dans leur couloir. Lors des Jeux olympiques, le bassin doit avoir une profondeur de 1,80 m et l'eau doit demeurer à une température de 24 °C.

Natation

Crawl

Le crawl est la plus rapide des quatre nages. C'est celle utilisée dans les courses de nage libre, bien que n'importe quel style soit autorisé. Le 50 m nage libre est une course si rapide que de nombreux concurrents ne prennent pas le temps de respirer toutes les trois tractions, comme ils le feraient normalement.

Compétitions olympiques
100 m nage libre
200 m nage libre
400 m nage libre
800 m nage libre (femmes)
1500 m nage libre

Reprise de nage
Après avoir plongé sous l'eau, le nageur remonte à la surface à l'aide d'un vigoureux battement de jambes. Il ne peut se servir de ses bras que lorsqu'il a atteint la surface.

Technique
Pour se propulser vers l'avant, le nageur effectue des battements alternatifs, tandis que ses bras, lancés alternativement vers l'avant, créent un mouvement de traction. Il doit régulièrement tourner la tête de côté pour respirer après quelques tractions.

Dos crawlé

Dans le dos crawlé, les nageurs étant sur le dos, ils ne peuvent pas voir les lignes de couloir. Des drapeaux sont donc suspendus au-dessus du bassin pour les guider et leur indiquer quand ils sont à 5 m de la paroi.

Compétitions olympiques
100 m dos crawlé
200 m dos crawlé

Reprise de nage
Après le départ dos, le nageur demeure sous l'eau pour conserver son élan le plus longtemps possible. Il effectue des battements de pieds de type dauphin (mouvement ondulatoire) ou des battements alternatifs. Il doit remonter à la surface avant d'avoir dépassé 15 m.

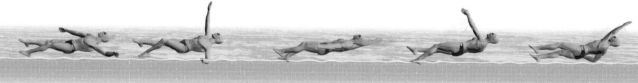

Technique
La technique du dos crawlé est similaire au crawl, sauf que les nageurs sont sur le dos. Afin de demeurer dans la position voulue, ils inclinent légèrement la tête vers l'arrière.

Brasse

La brasse est la plus lente et la plus exigeante des quatre nages. Les nageurs se servent de leurs bras et de leurs jambes pour « repousser » l'eau en l'éloignant de leur corps. S'ils n'allongent pas les bras et les jambes de façon parfaitement synchronisée, ils sont considérés comme nageant en « nage libre » et sont disqualifiés.

Compétitions olympiques
100 m brasse
200 m brasse

Reprise de nage
Après avoir plongé, la nageuse n'a droit qu'à une traction complète et à une poussée des jambes sous l'eau avant de remonter à la surface.

Technique
Les bras de la nageuse effectuent trois mouvements de suite : un mouvement de godille s'éloignant du corps, un autre vers le fond du bassin, puis un dernier revenant vers le corps. Les jambes fléchissent pour propulser la nageuse et reprennent ensuite leur position initiale dans un battement qui est plus propulsif que les autres mouvements de jambes.

Papillon

C'est le seul style dans lequel les deux bras du nageur sortent de l'eau et y entrent en même temps. Les jambes bougent également de façon simultanée.

Compétitions olympiques
100 m papillon
200 m papillon

Reprise de nage
Afin de conserver son élan après avoir plongé, le nageur effectue un mouvement ondulatoire sous l'eau avec son corps, en gardant les jambes et les pieds ensemble.

Technique
Les bras du nageur sortent de l'eau en s'élançant vers l'avant, puis reviennent en arrière sous l'eau. Les jambes effectuent des mouvements ondulatoires simultanés, complétant l'ondulation entamée à partir des membres supérieurs. Le nageur respire après quelques poussées, quand ses bras se trouvent au-dessus de sa tête.

Natation

Virage

Un virage réussi peut améliorer le temps de l'athlète. Dans le crawl et le dos crawlé, le nageur fait une culbute sous l'eau juste avant d'arriver à la paroi, puis effectue une poussée vigoureuse avec ses jambes. Dans la brasse et le papillon, le nageur doit toucher la paroi des deux mains avant de pivoter et d'exercer une poussée. Les inspecteurs vérifient que les virages sont exécutés selon les règles.

Lunettes
Elles sont conçues pour s'adapter parfaitement au visage du nageur. Elles doivent être étanches et profilées pour offrir moins de résistance à l'eau.

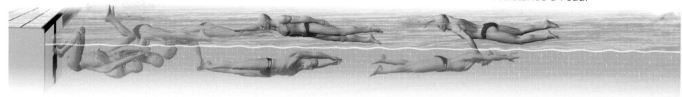

Virage culbute
Le nageur se regroupe et plonge vers le fond du bassin pour faire sa culbute.

✱ Chaque seconde compte
Les nageurs s'épilent avant les grandes compétitions. Cela les aide à bien sentir le contact de l'eau sur leur peau et leur permet de mieux apprécier leurs mouvements dans l'eau. Ils nagent ainsi de façon plus efficace, ce qui peut leur faire gagner un temps précieux.

Virage ouvert
La nageuse doit avoir repris sa position horizontale avant que ses pieds ne quittent la paroi.

Quatre nages et relais

Dans une compétition de quatre nages, les athlètes combinent la brasse, le dos crawlé, le papillon et la nage libre. Ils doivent utiliser chaque style sur au moins 50 m. Lors d'une compétition de relais nage libre, chacun des quatre coéquipiers nage à tour de rôle sur une distance de 100 ou 200 m. Dans le relais quatre nages, les nageurs d'une équipe se spécialisent chacun dans un style.

Compétitions olympiques

400 m quatre nages individuel
4 x 100 m relais quatre nages
4 x 100 m relais nage libre (femmes)
4 x 200 m relais nage libre (hommes)

Relais
Dans une compétition de relais, le nageur attend sur le plot de départ que son coéquipier ait complété sa longueur de bassin. Quant celui-ci touche la plaque électronique, le relayeur plonge dans le bassin.

Natation synchronisée

La natation synchronisée est un sport artistique qui combine la natation, la danse et la gymnastique. C'est une discipline exclusivement féminine pratiquée en solo, en duo ou en équipe. Sur un accompagnement musical, les nageuses enchaînent diverses figures dans le bassin, aussi bien sous l'eau qu'au-dessus. On appelle ce sport la natation synchronisée parce que la synchronisation des nageuses doit être parfaite, tant sur la musique qu'entre elles. Les athlètes s'entraînent pendant des années pour perfectionner leur chorégraphie, c'est-à-dire l'enchaînement des figures qui composent leur programme.

Déroulement d'une compétition

Elle se divise en deux parties : le programme technique et le programme libre. Les nageuses sont jugées sur leurs aptitudes techniques et sur leur performance artistique. Les notes des deux programmes sont ensuite combinées pour un résultat final sur 10 points. Des pénalités sont infligées aux nageuses qui prennent appui sur le rebord ou le fond du bassin.

Programme technique

Dans le premier programme, les nageuses doivent exécuter des éléments imposés dans un ordre défini et dans le temps imparti : six éléments en deux minutes pour le solo, sept en 2 min 20 s pour le duo et huit en 2 min 50 s pour l'épreuve par équipe. La note technique est plus importante que la note artistique. Le programme technique vaut 35 % du résultat final.

Programme technique		
	durée	nombre d'éléments
Solo	2 min	6
Duo	2 min 20 s	7
Équipe	2 min 50 s	8

Programme libre

Dans la deuxième partie de la compétition, les nageuses présentent une composition artistique personnalisée incluant des éléments techniques qu'elles ont elles-mêmes choisis. Elles commencent souvent leur programme au bord du bassin et ont jusqu'à 10 secondes pour entrer dans l'eau. La note artistique vaut plus que la note technique dans le programme libre, qui compte lui-même pour 65 % de la note finale.

Programme libre		
	durée	nombre d'éléments
Solo	3 min 30 s	illimité
Duo	4 min	illimité
Équipe	4 min 50 s	illimité

Natation synchronisée

Positions de base et figures

On compte environ 20 positions de base en natation synchronisée. Les figures exécutées dans le programme libre aussi bien que dans le programme technique sont toutes construites autour de ces positions. Les deux figures ci-dessous illustrent certaines des positions de base.

Promenade avant

La nageuse est en position de flottaison verticale, la tête sous l'eau et les jambes étendues horizontalement sur la surface. Elle étend une jambe à la verticale, dans la position cavalier ou château. Puis elle ramène sa jambe à l'horizontale et remonte son corps vers la surface jusqu'à ce qu'elle soit en position horizontale sur le dos.

Barracuda

Cette figure se termine avec le corps de la nageuse en extension, perpendiculaire à la surface et la tête en bas. Les jambes sont en extension hors de l'eau. La tête, les hanches et les chevilles doivent être parfaitement alignées.

Pince-nez

Il est essentiel pour éviter la pénétration de l'eau dans les sinus lors des mouvements avec la tête en bas. Certaines nageuses attachent un deuxième pince-nez à leur maillot au cas où le premier se perdrait pendant leur programme.

Enchaînement

Le programme présenté par la nageuse comporte diverses positions de base enchaînées pour former des figures. Elle a recours à des transitions qui incorporent des éléments de création chorégraphique pour se déplacer d'un endroit à l'autre dans le bassin. Cela lui permet également de respirer après avoir exécuté des figures sous l'eau.

Natation synchronisée

Épreuves par équipe

Durant le programme libre, les huit membres de l'équipe doivent être parfaitement synchronisées entre elles, même si elles n'effectuent pas toutes les mêmes figures simultanément. La coordination des mouvements d'un si grand nombre de nageuses n'est pas chose aisée et demande de longues heures d'entraînement.

Plateforme

Sans jamais toucher le fond du bassin, les nageuses se regroupent sous l'eau et montent la « plateforme » qui supportera l'une d'entre elles. À l'issue de la figure, la plateforme redescend ou la nageuse qui est au sommet plonge.

Duo

Le travail en duo exige une excellente coordination des deux nageuses entre elles et sur l'accompagnement musical. En programme libre, elles ne sont pas obligées d'effectuer les mêmes gestes simultanément, du moment que l'ensemble demeure homogène et artistique.

Water-polo

Le water-polo est un sport de ballon qui se joue dans un bassin entre deux équipes. Le but est de compter des points en lançant le ballon dans les buts de l'adversaire.

Les hommes et les femmes qui pratiquent ce sport doivent être d'excellents nageurs et avoir beaucoup d'endurance pour pouvoir demeurer en mouvement dans l'eau pendant de longues périodes. Chaque équipe compte 13 joueurs, mais seulement sept sont en jeu en même temps. Les joueurs ne sont pas autorisés à toucher le fond du bassin ni à prendre appui d'une façon quelconque. Le gardien de but est le seul joueur autorisé à frapper le ballon du poing ou à le saisir à deux mains.

Équipement

Bonnet
Chaque équipe porte des bonnets numérotés d'une couleur distincte : blancs pour une équipe, bleus pour l'autre. Les gardiens de but portent des bonnets rouges. Les bonnets sont pourvus de protège-oreilles en plastique souple.

Ballon
Imperméable, il est environ de la taille d'un ballon de football. Il pèse entre 400 et 450 g.

Bassin
Le bassin idéal a une profondeur de 1,80 m et mesure 20 m sur 30 m. Des marques de couleurs distinctes délimitent les différentes zones de jeu.

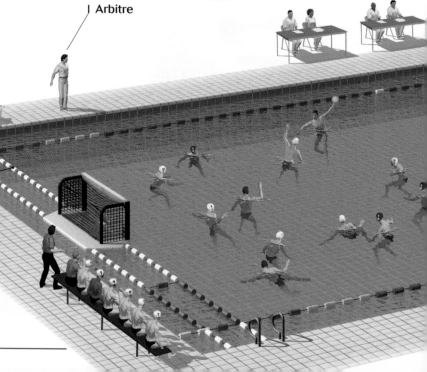

Arbitre

Juge de but

Ligne de but

Water-polo

Déroulement d'un match

Le match se déroule en quatre périodes de sept minutes chacune. Au début de chaque période, les joueurs sont alignés sur leur ligne de but. L'arbitre lance le ballon au milieu du bassin et les joueurs s'élancent pour en prendre possession. Une équipe a 35 secondes pour tirer vers le but adverse après la récupération du ballon. Des chronométreurs vérifient le temps de possession et l'arbitre signale une faute ordinaire lorsqu'une équipe transgresse cette règle. Une faute ordinaire entraîne un coup franc pour l'équipe adverse, qui doit être joué à l'endroit où la faute a été commise. Le joueur qui effectue la remise en jeu peut lancer le ballon à un coéquipier ou le laisser dans l'eau et le dribbler avant de faire une passe. L'arbitre peut signaler une faute grave si un joueur gêne un coup franc ou s'il retient ou frappe délibérément un autre joueur. Une faute grave entraîne un coup franc ou un penalty au bénéfice de l'autre équipe. Un penalty est un tir vers le but d'une distance de 4 m.

Le dribble
Les joueurs nagent les bras écartés, propulsant le ballon au moyen des vagues qu'ils créent devant eux. Ils se servent de leur corps pour protéger le ballon de leurs adversaires. Ils ne sont autorisés à toucher le ballon que d'une main à la fois.

Technique du gardien de but
Le gardien de but joue dans une position inclinée vers l'avant, près de la surface de l'eau. Il lui est ainsi plus facile de se redresser rapidement et de se détendre pour attraper le ballon.

Juge de but
Ils indiquent la validité des buts et signalent les ballons sortis derrière la ligne de but.

But (2)
En fibre de verre ou en plastique, ils sont maintenus dans l'eau par des câbles attachés au bord du bassin ou fixés aux parois.

Zone de pénalités
Un joueur ayant commis une faute grave doit se rendre à la zone de pénalités la plus près du but de son équipe. Il attend à cet endroit que son temps de suspension soit écoulé et qu'il puisse revenir au jeu.

Arbitre (2)
De chaque côté du bassin, un arbitre surveille la moitié de bassin située sur sa droite. Il signale les fautes par un coup de sifflet et se sert de ses bras pour indiquer l'endroit où le ballon doit être remis en jeu.

Plongeon

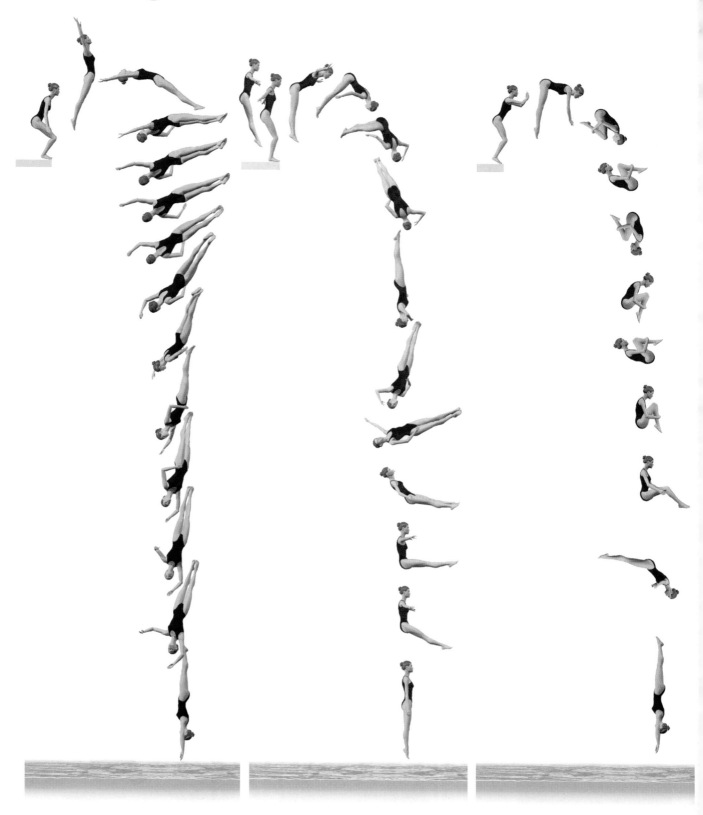

Plongeon renversé avec une vrille
Au début de la rotation, la plongeuse abaisse un bras pour amorcer un mouvement de vrille du corps.

Saut périlleux avant avec une vrille
Au moment de la prise d'appel, la plongeuse freine sa course et dirige lentement son corps en rotation.

Triple saut périlleux et demi avant groupé
La détente à partir de la plateforme doit être suffisamment haute pour permettre l'enchaînement complet des trois rotations avant l'extension et l'entrée à l'eau.

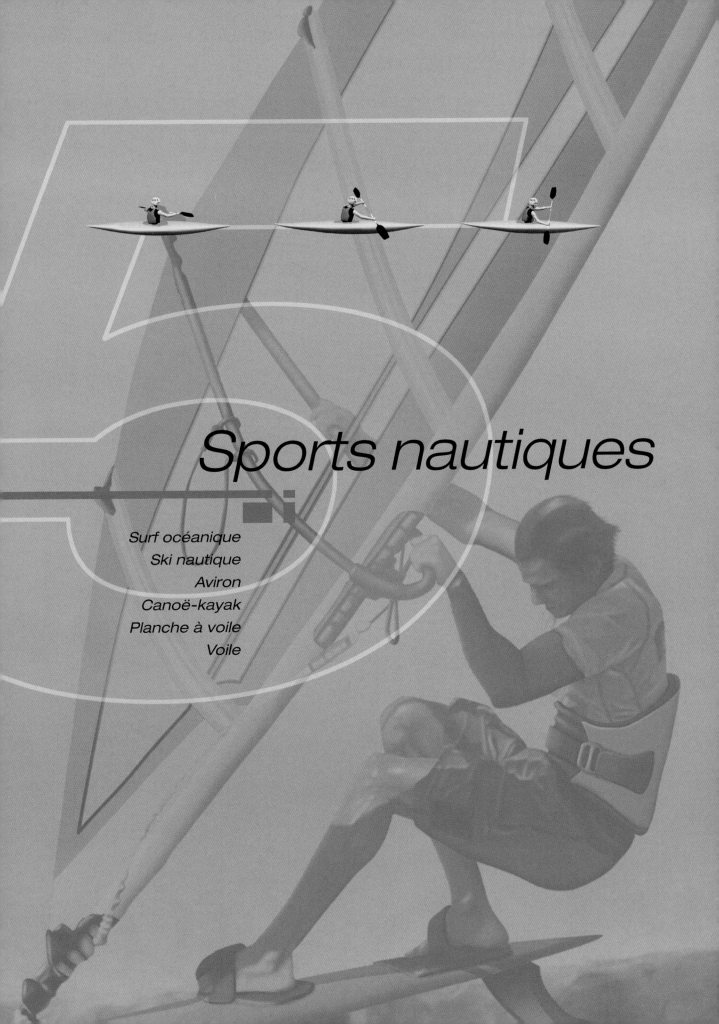

Sports nautiques

Surf océanique

Debout, en équilibre sur leur planche, les surfeurs et les surfeuses atteignent parfois des vitesses impressionnantes, grâce à la seule puissance des vagues. En compétition, les athlètes doivent rester en mouvement le plus longtemps possible pour réaliser des manœuvres difficiles et élégantes. Grâce à leur équilibre, à leurs réflexes et à leur connaissance de l'océan, les surfeurs et les surfeuses savent choisir les vagues qui leur permettront de réaliser des performances hors du commun.

Déroulement d'une compétition

Dans les compétitions de surf, les concurrents surfent sur plusieurs vagues et disposent de 20 minutes pour démontrer leur habileté. Les juges et le directeur de compétition, qui observent les concurrents de la plage, déterminent les trois ou quatre meilleures vagues sur lesquelles les surfeurs seront notés. Les juges doivent évaluer la qualité des manœuvres, la position des surfeurs sur les vagues, la difficulté des vagues choisies et la durée de tenue des surfeurs sur leur planche.

Équipement

Chausson
Les surfeurs peuvent porter des chaussons de néoprène, un caoutchouc synthétique très souple et isolant. Ils se protègent ainsi des eaux très froides, mais aussi des blessures que peuvent causer le corail et les roches.

Leash
Le leash est un cordon attaché à la cheville du surfeur par un bracelet à fermeture Velcro[MD]. Ce dispositif relie le surfeur à sa planche et l'empêche de la perdre en cas de chute.

Surf océanique

Technique

Toutes les vagues sont différentes. Le grand talent des surfeurs est de savoir improviser et de profiter de toutes les occasions pour réaliser les différentes techniques qui leur permettront d'impressionner favorablement les juges.

Take-off
Allongé sur le ventre, le surfeur se redresse en s'aidant de ses bras pour ramener les pieds sur la planche. Il garde les genoux fléchis. Il effectue ensuite un virage au pied de la vague : cela lui donne la vitesse nécessaire à l'exécution des manœuvres suivantes.

Floater
Après une ascension rapide de la vague, le surfeur se penche en arrière pour effectuer un virage rapide. En appuyant sur son pied arrière, il laisse alors la vague entrer sous sa planche.

Cut-back
C'est un virage qui s'effectue au sommet de la vague, de face ou de dos. À la fin de sa courbe, le surfeur revient frapper l'écume avec sa planche pour reprendre la vague.

Planches

Les planches sont généralement en fibre de verre. Leur forme et leur poids déterminent directement la façon dont elles réagissent sur l'eau.

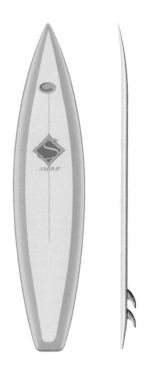

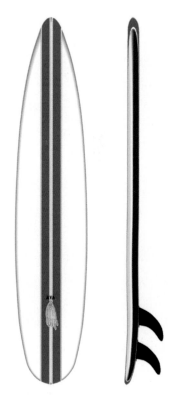

Bodyboard
Le bodyboard est la plus courte des trois planches. Il mesure environ 1,15 m. Les bodyboarders affrontent les vagues couchés sur leur planche et chaussent parfois des palmes de plongée.

Shortboard
Le shortboard est la planche des surfeurs de niveau international. Il est léger et taillé pour permettre les manœuvres et les virages les plus rapides. Il mesure environ 1,8 m.

Longboard
Le longboard est lourd, très stable et change difficilement de trajectoire. Il est encore utilisé en compétition, mais sert surtout aux débutants. Il mesure environ 2,75 m.

Ski nautique

Le ski nautique, qui combine des caractéristiques du surf et du ski, est lui aussi un sport de vitesse qui exige des réflexes rapides et un excellent équilibre. Chaussés d'un ou de deux skis, selon les disciplines, les skieurs et les skieuses sont tirés au bout d'une corde par un puissant bateau à moteur. Glissant parfois à plus de 50 km/h, les athlètes du ski nautique effectuent des manœuvres spectaculaires. Les compétitions internationales comprennent quatre épreuves : le saut, le slalom, les figures et le wakeboard.

Compétition de slalom

Le slalom est une épreuve de vitesse au cours de laquelle le skieur doit contourner six bouées sur un seul ski, sans chuter. À chaque essai réussi, le pilote augmente la vitesse du bateau de 3 km/h, jusqu'à un maximum de 58 km/h . Lorsque ce maximum est atteint, on diminue la longueur de la corde entre chaque nouveau parcours réussi. Une corde plus courte augmente la difficulté, car le skieur a moins de temps pour se préparer à affronter chaque virage.

Technique

Penchée vers l'intérieur du virage, tenant la poignée d'une main, la skieuse prend de la vitesse pour traverser le sillage du bateau, correspondant à la vague qui se forme derrière son passage. Sitôt le sillage franchit, la skieuse doit préparer le virage suivant.

Équipement

Corde

La longueur maximale de la corde varie selon l'épreuve. Dans les compétitions de slalom, elle mesure 18,25 m au début de l'épreuve. La longueur de la corde est ensuite réduite pour augmenter le niveau de difficulté. Pour l'épreuve du saut, la corde mesure 23 m, alors qu'elle mesure 18 m pour le wakeboard et 15 m seulement pour l'épreuve des figures.

Bateau

Le bateau à moteur est conduit par le même pilote, et ce, pour tous les concurrents. Un juge monte à bord de l'embarcation pour contrôler la vitesse du bateau et les manœuvres du skieur. Le bateau est équipé de deux larges rétroviseurs et de plusieurs compteurs de vitesse afin de faciliter le travail du juge.

Ski nautique

Compétition de figures

L'épreuve des figures consiste à réaliser des acrobaties et des enchaînements d'acrobaties devant cinq juges qui évaluent l'habileté technique du skieur. Les concurrents se présentent à deux reprises, lors de deux démonstrations de 20 secondes chacune. Avant l'épreuve, chaque skieur remet aux juges une « feuille de parcours » sur laquelle sont indiquées toutes les figures qu'il a l'intention de réaliser. Attention ! Il est interdit de répéter deux fois la même figure.

Compétition de wakeboard

Au wakeboard, les concurrents doivent réaliser un enchaînement de cinq figures acrobatiques lors de deux démonstrations de 25 secondes chacune. Les skieurs peuvent décider d'ajouter une sixième figure à la fin du parcours, pour influencer les juges favorablement. Le vainqueur de l'épreuve est celui qui garde le meilleur style tout en réalisant les figures les plus difficiles.

Backroll
La skieuse amorce un virage à bonne distance du sillage pour prendre de la vitesse. Lorsqu'elle atteint la vague du sillage, elle projette sa planche vers le haut. À la réception, la skieuse doit regarder vers le bateau pour se stabiliser plus facilement.

Compétition de saut

L'épreuve du saut consiste à réaliser le saut le plus long en prenant un élan sur un tremplin flottant. Les skieurs disposent de trois essais. Outre la longueur du saut, les critères de performance sont : la vitesse d'arrivée au tremplin, la position du corps dans les airs et la réception. La longueur d'un saut peut dépasser 65 m chez les hommes et 45 m chez les femmes !

Types de skis

Ski de slalom
L'étroit ski de slalom se chausse les deux pieds l'un derrière l'autre. L'épaisseur du ski est limée pour former des angles très tranchants, qui contribuent à augmenter la stabilité du ski sur l'eau. Aussi, l'arrière de la semelle est équipé d'un petit aileron qui prévient le dérapage.

Ski de figures
Un seul pied du skieur est attaché sur le ski de figures. La semelle est totalement lisse et son épaisseur est limée en angle pour permettre au skieur de tourner plus facilement sur lui-même.

Planche de wakeboard
Les skieurs s'installent de côté sur la planche. Le dessous de la planche possède des rainures qui la font mieux adhérer à l'eau. Plusieurs ailerons peuvent être ajoutés aux extrémités pour la rendre encore plus stable.

Skis de saut
Les skis de saut, larges et résistants, sont en fibre de verre et en aluminium.

Aviron

Assis dans de longues embarcations, les rameurs de l'aviron unissent leurs efforts pour franchir la ligne d'arrivée avant leurs concurrents. Bien que les athlètes soient en position assise, ce sport exige une forme extraordinaire et une endurance à toute épreuve ! Les athlètes compétitionnent seuls ou par équipes de deux à huit athlètes. En aviron, les rameurs tournent le dos à leur destination et se dirigent grâce aux bouées, aux signaux des arbitres ou peuvent être guidés par le pilote du bateau, appelé barreur. Les épreuves on généralement lieu sur des bassins de 1 ou 2 km, mais des compétitions peuvent se dérouler sur rivière où les parcours s'étendent sur 4 à 6 km.

Types d'embarcations

Dans les embarcations de pointe, les rameurs n'utilisent qu'un aviron : dans les embarcations de couple, ils manient deux avirons. On trouve des embarcations à un, deux, quatre ou huit rameurs, avec ou sans barreurs.

Skiff
Le skiff est le seul bateau de course à un passager. Cette embarcation très légère, de 8 m de long, peut atteindre des vitesses impressionnantes !

| Collier | Manchon

| Poignée de caoutchouc | Pelle

Avirons
Les avirons sont faits de carbone. Les plus longs mesurent 3,8 m. L'extrémité de l'aviron qu'on plonge dans l'eau est appelée «pelle». Celle-ci est souvent peinte aux couleurs du pays participant ou aux couleurs du club d'aviron auquel appartiennent les rameurs.

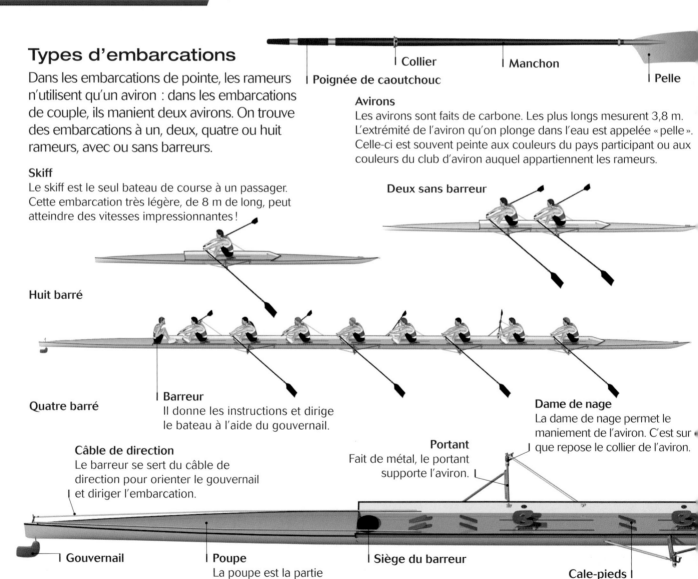

Deux sans barreur

Huit barré

Quatre barré

| **Barreur**
Il donne les instructions et dirige le bateau à l'aide du gouvernail.

Dame de nage
La dame de nage permet le maniement de l'aviron. C'est sur | que repose le collier de l'aviron.

Câble de direction
Le barreur se sert du câble de direction pour orienter le gouvernail | et diriger l'embarcation.

Portant
Fait de métal, le portant supporte l'aviron. |

| Gouvernail

| **Poupe**
La poupe est la partie arrière de l'embarcation.

| **Siège du barreur**

Cale-pieds |
Les cale-pieds sont fixés au fond de l'embarcation, devant chaque rameur. Ils servent d'appui.

Déroulement des compétitions

Les compétitions d'aviron masculines et féminines suivantes sont au programme des Jeux olympiques : deux de pointe sans barreur, huit de pointe avec barreur, un rameur en couple, deux de couple, quatre en couple et deux de couple poids léger. Les hommes participent également aux épreuves de quatre de pointe sans barreur et de quatre de pointe sans barreur poids léger.

✳ Coquilles flottantes

Les bateaux aux coques étroites et légères sont les plus rapides ! Les bateaux peuvent être faits de bois, mais de nos jours, ils sont le plus souvent en carbone. Cette matière permet de fabriquer des coques de quelques millimètres d'épaisseur, aussi fines qu'une coquille d'œuf d'autruche !

Technique

1. Amorce du mouvement
Le rameur est penché vers l'avant, genoux fléchis et bras tendus. Les rames vont se poser dans l'eau, loin derrière lui.

2. Départ
Le rameur appuie les pelles dans l'eau, pousse sur les cale-pieds et bascule son corps vers l'arrière, en gardant le dos droit et les bras tendus. Ensuite, il replie ses bras vers son corps pour terminer la poussée.

3. Inversion sur l'arrière
À la fin de la poussée, le rameur sort les avirons de l'eau et tourne les poignets de manière à ce que la pelle redevienne horizontale.

4. Récupération
Gardant les avirons hors de l'eau, le rameur déplace ses mains vers l'avant et plie les genoux. Son siège coulisse vers l'avant et le ramène à sa position de départ.

Haut-parleur
Placés près de chaque siège, les haut-parleurs permettent aux équipiers d'entendre les consignes du barreur.

Brise-lames
Le brise-lames empêche les vagues de pénétrer dans l'embarcation.

Balle de proue
La balle de proue est un élément très important de la photo d'arrivée, car c'est elle qui aide à déterminer de façon précise quel bateau est le vainqueur. Elle sert aussi de protection en cas de collision.

Siège coulissant
Il coulisse sur deux rails, facilitant ainsi les mouvements et augmentant leur amplitude et leur efficacité.

Proue
La proue est la partie avant de l'embarcation.

Canoë-kayak

Le canoë et le kayak sont des embarcations légères et faciles à manœuvrer. Il y a plus de 6000 ans, les populations autochtones de l'Amérique du Nord les utilisaie[nt] déjà pour se déplacer sur les grands lacs et les rivières. Aujourd'hui, il existe deux types de compétitions de canoë-kayak : les épreuves en eaux calmes e[t] les épreuves en eaux vives. Les premières, qui ont lieu le plus souvent su[r] des bassins aménagés, sont des courses en ligne droite où les pagayeur[s] doivent franchir la ligne d'arrivée avant leurs compétiteurs. En eaux vive[s] les embarcations affrontent chacune à leur tour une rivière agitée, dans [le] meilleur temps possible, tout en respectant un parcours tracé à l'avanc[e]. Pour nommer les courses, on utilise la première lettre des embarcations (C pour canoë et K pour kayak). La lettre désignant le type d'embarcati[on] est suivie d'un chiffre qui indique le nombre de passagers : une cours[e] C2 est donc courue dans un canoë pouvant accueillir deux passagers[.]

Course en ligne

La course en ligne peut être pratiquée par tous les types de canoës et de kayaks on trouve donc des courses C1, C2, K1, K2 et K4. Pendant cette épreuve, qui peu[t] se dérouler sur 200 m, 500 m ou 1000 m, les athlètes ne doivent jamais quitter leur couloir.

Équipement

Canoë

Le canoë de course en ligne est ouvert, alors que celui de l'épreuve en eaux vives est équipé d'une «jupe» qui empêche l'eau de pénétrer dans l'embarcation. Le canoë se conduit en position agenouillée. Pour se propulser, les athlètes utilisent une pagaie simple et pagaient de chaque côté de l'embarcation, en alternance, pour conserver leur direction.

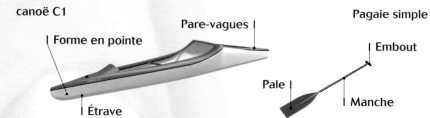

canoë C1

Forme en pointe

Pare-vagues

Étrave

Pagaie simple

Embout

Pale

Manche

Kayak

Le kayak a toujours une coque fermée. Le kayakiste se glisse à l'intérieur de [l'] l'embarcation par une petite ouverture qu'on appelle «trou d'homme» ou « hiloire ». Pour les compétitions en eaux vives, le kayak est équipé d'une jup[e] qui empêche l'eau de pénétrer dans l'embarcation. Les kayakistes manœuvre[nt] en position assise et se propulsent à l'aide d'une pagaie double en pagayant de chaque côté de l'embarcation, en alternance.

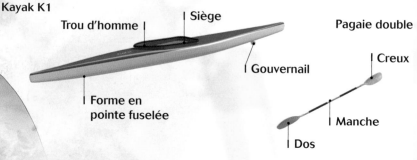

Kayak K1

Trou d'homme

Siège

Gouvernail

Forme en pointe fuselée

Pagaie double

Creux

Manche

Dos

Canoë-kayak

Course en eaux vives

La compétition en eaux vives est une épreuve chronométrée qui se pratique en K1, en C1 et en C2. Lors de cette épreuve, les pagayeurs doivent suivre un parcours sinueux, ou un «slalom», dans une rivière tumultueuse parsemée de roches et de rapides. Le parcours comporte généralement 25 «portes» formées de tubes suspendus au-dessus de la rivière. Ces portes doivent être franchies dans un ordre déterminé à l'avance, parfois dans le sens du courant, parfois en remontant le courant. Le vainqueur de l'épreuve est le plus rapide, le plus résistant, mais aussi le plus habile : toucher une porte coûte deux secondes de pénalité, et rater une porte ou la franchir dans le mauvais sens coûte 50 secondes de pénalité !

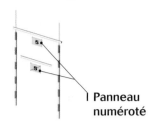

Panneau numéroté

Toutes les portes sont numérotées pour indiquer l'ordre dans lequel elles doivent être franchies. Les panneaux numérotés sont jaunes ou blancs. Une barre rouge en diagonale indique un sens interdit.

Technique en canoë

1. Attaque
Bras tendus, le canoéiste se prépare à plonger la pagaie dans l'eau.

2. Appui
Il plonge la pagaie verticalement dans l'eau et la ramène vers lui pour déplacer le canoë vers l'avant.

3. Redressement et dégagé
À la fin de la poussée, il redresse le dos et sort la pagaie de l'eau.

4. Retour à l'attaque
Le canoéiste se remet en position d'attaque afin de répéter le mouvement.

Technique en kayak

1. Attaque
Le kayakiste se prépare à planter sa pagaie dans l'eau.

2. Appui et traction
La pagaie est plantée verticalement dans l'eau et le kayakiste la ramène vers lui pour déplacer le kayak vers l'avant.

3. Transition
Le kayakiste sort la pagaie de l'eau dès la fin du mouvement et effectue rapidement l'attaque de l'autre côté. L'étape de transition doit être réalisée rapidement afin d'éviter que l'embarcation ne perde son élan.

Plan d'eau

Juge de porte
Chaque porte est surveillée par un juge de porte qui s'assure que les concurrents la franchissent sans la toucher.

Personnel de sécurité
De sept à huit personnes forment l'équipe de sécurité. Équipées de bouées, de câbles et de harnais, elles peuvent faire face à toute situation urgente.

Arbitre en chef
L'arbitre en chef est responsable de toutes les décisions qui sont prises pendant une épreuve.

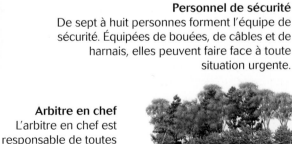

Planche à voile

La planche à voile, qui combine les techniques du surf et de la voile, a été inventée par des surfeurs. Légères, rapides et faciles à manœuvrer, les planches à voile peuvent atteindre des pointes de vitesse impressionnantes ! Pour mettre en œuvre des techniques de vitesse et réaliser des acrobaties spectaculaires, les véliplanchistes doivent tout connaître des caprices du vent et de la puissance des vagues. Il existe trois types principaux de compétitions dans lesquelles s'affrontent concurrents et concurrentes : les courses de longue distance et les slaloms, les épreuves de freestyle et de vague et les courses olympiques.

Mât

Wishbone
Grâce au wishbone, le véliplanchiste peut se tenir en équilibre sur la planche et orienter la voile comme il le désire.

Déroulement des compétitions

Courses de longue distance et slaloms
Dans ces deux types de courses, les véliplanchistes doivent franchir les premiers la ligne d'arrivée. Les concurrents du slalom suivent un parcours délimité par des bouées et naviguent toujours avec le vent dans le dos. Dans les courses de longue distance, les concurrents doivent souvent relier deux points en aller-retour. Ils sont parfois obligés de naviguer face au vent. Un slalom dure de 5 à 10 minutes, alors que les courses de longue distance durent de deux à quatre heures.

Vagues et freestyle
Les compétitions de vagues se déroulent exclusivement en mer. Elles ont lieu lorsque les vagues atteignent au moins 2 m et lorsque le vent souffle à une vitesse de 14 nœuds — ce qui équivaut environ à 26 km/h. Les concurrents s'affrontent pendant 10 à 15 minutes au cours desquelles ils doivent réaliser le plus grand nombre possible de manœuvres de surf, de changements de bord et de sauts. Au freestyle, les épreuves peuvent se dérouler sur un lac ou une étendue d'eau artificielle, comme un bassin aménagé. Le véliplanchiste doit, sans s'arrêter, effectuer différentes manœuvres acrobatiques. Trois juges évaluent l'élégance et la difficulté technique de ces manœuvres, puis attribuent une note sur 10 points. Le véliplanchiste qui reçoit le meilleur pointage est le vainqueur.

Parcours olympique
Les compétitions sur parcours olympique se déroulent sur un trajet délimité par deux à quatre bouées. Au départ, tous les coureurs s'élancent en même temps avec le même type de planche, la Mistral One Design. La course est divisée en 3 à 12 manches de 20 à 60 minutes chacune. Le vainqueur est le concurrent qui obtient les meilleures positions lors des différentes manches.

Cale-pied

Tire-veille
Le tire-veille est une corde reliée au wishbone. Il permet de relever la voile lorsqu'elle est dans l'eau.

Planche à voile

Manœuvres

Jibe

Cette technique sert à virer de bord sans perdre de vitesse, lorsque le vent provient de l'arrière de la planche à voile. Penchée vers l'intérieur du virage, la véliplanchiste laisse tourner la voile autour du mât et inverse la position de ses pieds pour repartir dans sa nouvelle direction.

Speed loop

Le speed loop doit se faire à grande vitesse. Le véliplanchiste tire avec force sur le wishbone, soulève la planche à l'aide des cale-pieds et transfère son poids vers l'avant. Il garde son corps regroupé et complète sa rotation, le regard au-dessus de son épaule arrière.

Types de planches

Slalom
Le flotteur slalom est conçu pour sa rapidité et sa capacité à glisser sur la surface de l'eau à grande vitesse.

Olympique
Le flotteur est long et dessiné pour être utilisé dans différentes conditions de vent.

Vague
Le flotteur doit être résistant, court et léger. La voile est aussi conçue pour rester facile à manœuvrer, même par grand vent.

Voile

Grâce à la force du vent qui pousse sur leurs voiles, les voiliers atteignent des vitesses très élevées… tant que la météo leur est favorable. Il existe trois grandes catégories de compétitions de voile : les courses sur des parcours olympiques, les courses océaniques et les régates. Peu importe la compétition à laquelle ils participent, les navigateurs et les navigatrices doivent tout connaître des caprices du temps, afin d'imaginer des stratégies qui leur permettront de franchir la ligne d'arrivée devant leurs concurrents. Selon la direction d'où provient le vent, ils utilisent des techniques de navigation différentes pour «garder le cap», c'est-à-dire pour se diriger vers leur destination. Il existe de nombreux types de voiliers, adaptés à toutes les conditions de navigation, des grandes traversées océaniques aux régates.

Déroulement des compétitions

Parcours olympique

Les compétitions sur parcours olympique sont courues en équipes. Elles consistent à suivre un parcours délimité par trois bouées disposées en triangle, que les navigateurs doivent toujours contourner dans le même ordre. La distance entre les bouées varie selon les types de bateaux qui sont en course.

Régates

Les régates peuvent se dérouler en mer, près des côtes, sur un lac ou sur un bassin. Les compétiteurs cherchent à terminer avant leurs adversaires un parcours tracé par des bouées. Le trajet est conçu afin qu'ils puissent mettre en œuvre les techniques de navigation les plus avancées. Les départs des régates sont toujours spectaculaires, car tous les voiliers cherchent à passer la première bouée en tête : c'est un avantage important pour la fin de la course.

Courses transocéaniques

Les compétitions transocéaniques peuvent être courues en solitaire ou en équipe. L'épreuve consiste généralement à traverser un océan entre deux ports, et ce, le plus rapidement possible : la Route du Rhum, par exemple, relie Saint-Malo (France) à Pointe-à-Pitre (Guadeloupe). L'aventure n'est jamais loin : en pleine mer, les marins ne peuvent compter que sur eux-mêmes et doivent savoir choisir le meilleur chemin pour éviter les tempêtes ou les zones sans vent.

GPS (*Global Positioning System*)
Grâce au système GPS (*Global Positioning System*), les navigateurs peuvent connaître précisément leur position sur la surface de la Terre. Vingt-quatre satellites GPS, en orbite autour de la Terre, envoient constamment des ondes radio vers notre planète. Ces ondes sont captées et converties par les récepteurs GPS des navigateurs pour déterminer la position exacte du bateau.

Voiliers

Les navigateurs doivent connaître leur bateau dans ses moindres détails afin de pouvoir effectuer très rapidement les manœuvres de virement de bord ou de changement de voiles nécessaires. C'est indispensable pour ne pas perdre un avantage en régate ou ne pas se mettre en danger lors d'une transatlantique ! Qu'elles soient faites en équipage ou en solitaire, les manœuvres requièrent une bonne technique et beaucoup d'habileté.

Drisse
Corde qui sert à hisser les voiles.

Mât
Il supporte les voiles.

Envergure
Partie de la voile fixée au mât.

Hauban et étai
Le hauban est le câble qui maintient le mât sur les côtés. L'étai est le câble qui soutient le mât vers l'avant.

Chute
Bord extérieur de la voile.

Grand-voile
Voile principale du voilier.

Barre de flèche
Elle est fixée sur le mât pour en écarter les haubans.

Foc
Voile triangulaire avant du voilier.

Bâbord
Côté gauche du bateau, lorsqu'on regarde vers l'avant.

Bôme
Longue pièce de métal qui sert de support à la bordure de la voile.

Fenêtre
Elle permet à l'équipage de voir de l'autre côté du bateau à travers la voile.

Proue
Partie avant du voilier.

Écoute
Cordage qui sert à orienter la voile.

Dérive réglable
Mécanisme qui permet d'ajuster la dérive selon les allures.

Chariot d'écoute
Petit équipement qui sert à guider les cordages.

Poupe
Partie arrière du voilier.

Tribord
Côté droit du bateau, lorsqu'on regarde vers l'avant.

Barre
La barre est le dispositif relié au gouvernail.

Gouvernail
Il dirige le voilier.

Dérive
Elle stabilise le bateau et l'empêche de dériver sur l'eau.

Types de coques
Il existe différents types de coques. Les embarcations à plusieurs coques, comme les catamarans et les trimarans, sont appelées multicoques. Même si elles sont plus rapides que les monocoques, ces embarcations sont difficiles à manœuvrer et chavirent plus facilement. Il est alors très difficile de les redresser.

Le 470
Le 470 tient son nom de sa longueur de 4,70 m. Il est utilisé en compétition olympique et compte deux équipiers.

Monocoque

Catamaran

Trimaran

Voile

Coupe America

La Coupe America est la plus célèbre des régates. Chaque voilier compte 16 équipiers. La compétition débute par une série de courses éliminatoires dans lesquelles tous les voiliers des pays participants s'affrontent. L'équipage gagnant de cette épreuve préliminaire remporte le droit de se mesurer au dernier pays détenteur de la Coupe America. La compétition finale se divise en un minimum de sept courses. L'équipe qui remporte quatre courses remporte la Coupe.

La Coupe America

Ce parcours de 34 km comprend trois bords de près et trois bords de portants. Cela signifie qu'il comporte trois sections où le vent vient de l'avant des voiliers, nécessitant la technique de louvoyage, et trois sections où il vient par l'arrière, ce qui entraîne le recours à l'empannage.

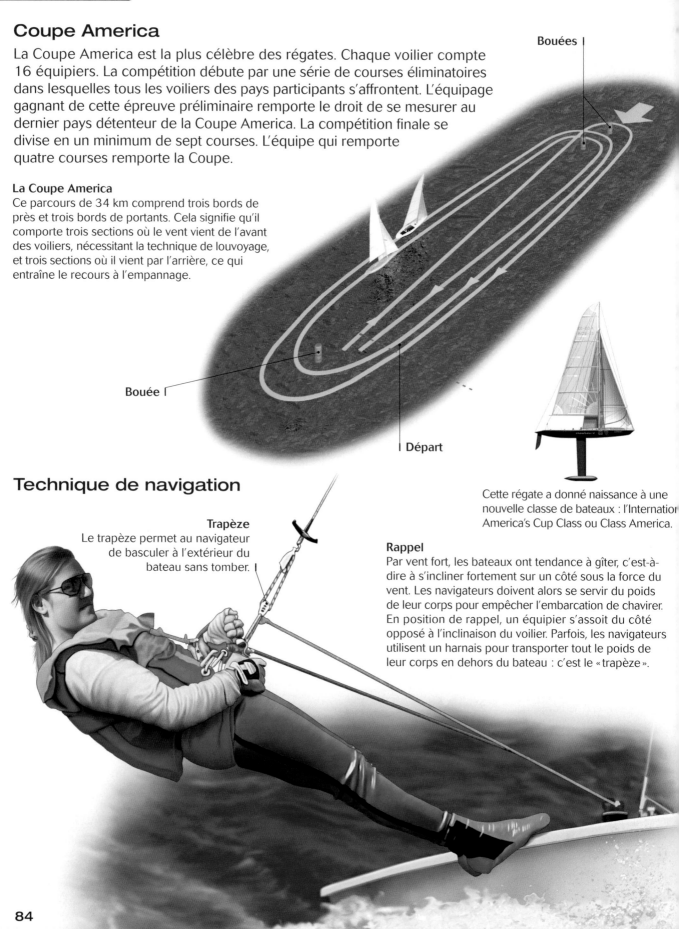

Bouées

Bouée

Départ

Cette régate a donné naissance à une nouvelle classe de bateaux : l'Internation America's Cup Class ou Class America.

Technique de navigation

Trapèze

Le trapèze permet au navigateur de basculer à l'extérieur du bateau sans tomber.

Rappel

Par vent fort, les bateaux ont tendance à gîter, c'est-à-dire à s'incliner fortement sur un côté sous la force du vent. Les navigateurs doivent alors se servir du poids de leur corps pour empêcher l'embarcation de chavirer. En position de rappel, un équipier s'assoit du côté opposé à l'inclinaison du voilier. Parfois, les navigateurs utilisent un harnais pour transporter tout le poids de leur corps en dehors du bateau : c'est le «trapèze».

Sports équestres

Introduction

Aux sports équestres, l'homme et l'animal font équipe pour gagner. En effet, il serait impossible de remporter une victoire dans l'une des disciplines équestres sans que le cavalier et son cheval ne s'entendent parfaitement ! Il faut souvent plusieurs années pour dresser un cheval de compétition. C'est à force de patience et de volonté pendant les entraînements que le cavalier doit réussir à inspirer confiance à son cheval et que le cheval doit apprendre à travailler avec son cavalier. On compte trois disciplines olympiques, auxquelles hommes et femmes concourent ensemble : le dressage, le saut d'obstacles et le concours complet.

Technique

Même s'il peut encourager ou retenir son cheval en prononçant des mots que l'animal peut comprendre, le cavalier se sert principalement de ses jambes et de ses mains pour le contrôler et le diriger. Ses jambes exercent des pressions sur les flancs du cheval pour lui indiquer qu'il doit aller de l'avant. Ses mains, reliées à la bouche de l'animal par les rênes et le mors, lui servent à le diriger ou à le ralentir.

Allures

Les « allures » d'un cheval sont ses différentes façons de se déplacer. Le pas, le trot et le galop sont des allures naturelles, adoptées par tous les chevaux. Ce sont les allures qui sont les plus utilisées en compétition. Certaines allures sont apprises par dressage.

Le pas
Le pas est l'allure la plus lente. Le cheval pose ses quatre sabots au sol l'un après l'autre.

Le trot
Pendant le trot, les sabots du cheval touchent le sol deux par deux : le sabot avant droit en même temps que le sabot arrière gauche, puis le sabot avant gauche en même temps que le sabot arrière droit.

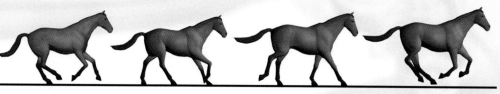

Le galop
Au galop, le cheval pose une patte, puis trois pattes, suivi d'un moment où aucun des sabots du cheval ne touche le sol. Le galop est l'allure la plus rapide.

Équipement

Harnachement

Le harnachement est l'équipement nécessaire pour que le cavalier puisse monter le cheval. Les deux éléments essentiels sont la selle et le bridage, qui est composé de la bride, des rênes et du mors. On utilise une selle et un bridage spécialement adaptés aux besoins de chacune des disciplines équestres.

Selle de course

Selle de saut d'obstacles

Selle de dressage

Selle

Dans chaque discipline, la selle est conçue pour donner une bonne position au cavalier sur son cheval. La selle de course est plate et légère. Elle laisse une grande liberté de mouvement au cheval. Le siège de la selle de dressage offre beaucoup de stabilité au cavalier. Ses quartiers sont souples, pour transmettre les plus légères pressions de jambes au cheval. La selle de saut d'obstacles a des quartiers plus larges pour donner un bon appui aux genoux du cavalier pendant les sauts.

Fer à cheval

Les fers servent à protéger les sabots des chevaux de l'usure et des blessures. Il existe des fers adaptés à chaque type d'épreuve et de terrain. C'est le maréchal-ferrant qui pose les fers sur les sabots des chevaux. Il joue un rôle très important en compétition, car une bonne ferrure peut être déterminante.

Fer de saut d'obstacles

Les fers de saut d'obstacles peuvent être équipés de crampons ou même de patins en caoutchouc selon le terrain sur lequel se déroule l'épreuve.

Fer de course

Ils sont légers et généralement en aluminium.

| Têtière

Frontal |

Montant de filet |

Montant de bride |

Muserolle |

| Sous-gorge

Rênes de filet |

Mors de bride |
Le mors de bride agit sur la langue et la mâchoire, et abaisse le nez du cheval.

| Rênes de bride

| **Mors de filet**
Le mors de filet agit sur la commissure des lèvres et relève la tête du cheval.

Saut d'obstacles

Lors d'une compétition de saut d'obstacles, les cavaliers et leur cheval effectuent au galop un parcours sur lequel sont disposés des obstacles qui doivent être franchis dans le bon ordre. Le parcours doit être réalisé sans perdre de temps et, surtout, sans faire tomber les différents obstacles ! Le cheval et le cavalier doivent s'entendre parfaitement pour rester précis dans les sauts et éviter toute chute dangereuse. Bien que les chevaux soient naturellement de bons sauteurs, il leur faut environ quatre ans d'entraînement pour apprendre à ne pas craindre les obstacles et à obéir en toute confiance aux ordres de leur cavalier.

Déroulement d'une compétition

Un parcours de saut d'obstacles est composé de 12 à 15 obstacles numérotés dans l'ordre où ils doivent être franchis. Des drapeaux rouges et blancs indiquent au cavalier dans quel sens les obstacles doivent être franchis : les drapeaux blancs doivent toujours se trouver à la gauche des concurrents lorsqu'ils sautent, tandis que les drapeaux rouges doivent se trouver à leur droite. Avant la compétition, le cavalier peut prendre connaissance du parcours à pied une seule fois, pour en repérer les pièges et les difficultés. Le cheval, lui, n'a pas ce privilège… Il découvrira les obstacles seulement pendant la compétition.

Sous-ventrière
La sous-ventrière maintient la selle en place. En saut d'obstacles, elle est élargie pour protéger le cheval des coups qu'il se donne au ventre, en repliant ses pattes avant.

Bricole
La bricole empêche la selle de reculer lorsque le cheval saute.

Guêtre ouverte matelassée
Les guêtres soutiennent les jambes du cheval.

Cloche en plastique
Les cloches en plastique protègent les sabots des chocs contre les obstacles.

Saut d'obstacles

Technique

Pendant le saut, le cavalier cherche à gêner le moins possible les mouvements et l'équilibre du cheval. En se tenant souplement sur les étriers, il incline son corps contre le cou de l'animal afin de l'accompagner dans son effort.

1. Régler la cadence d'approche
La cavalière indique au cheval à quelle vitesse il doit s'approcher d'un obstacle et quand il doit s'élancer pour le franchir. Selon les cas, elle donne ou retient l'impulsion de celui-ci.

2. Contrôler l'équilibre
Pendant le saut, la cavalière se place de façon à ne pas déséquilibrer le cheval, en se penchant par en avant au-dessus de son cou.

3. Garder le calme jusqu'à l'arrivée
Entre deux obstacles, les chevaux vont au galop, ce qui a tendance à les exciter. Pour qu'ils abordent les obstacles sans précipitation, la maîtrise des chevaux ne doit jamais être relâchée.

Les obstacles

La majorité des obstacles sont composés de piliers et de barres en bois qui tombent si le cheval les heurte en ratant son saut. Ces piliers et ces barres peuvent être combinés entre eux pour prendre des formes différentes. Il existe de nombreux types d'obstacles.

Rivière
La rivière mesure plus de 4 m de large. Un juge s'assure que le cheval ne touche ni l'eau ni la planche qui marque la fin de l'obstacle.

Combinaison
C'est une suite de deux ou trois obstacles rapprochés qui ne comptent que comme un seul obstacle dans le parcours.

Oxer
Un oxer est un obstacle composé de deux obstacles verticaux de hauteur égale (oxer carré) ou différente (oxer montant). La largeur d'un oxer ne doit pas dépasser sa hauteur.

Concours complet

Le concours complet est l'épreuve qui couronne les chevaux et les cavaliers les plus courageux, résistants et déterminés. Pendant trois jours, le même cavalier et le même cheval participent à trois épreuves très différentes : le dressage, l'endurance et le concours hippique. Le vainqueur du concours complet est celui qui a totalisé le moins de points de pénalités à la fin des trois épreuves. Les concours complets sont épuisants pour les chevaux : ils ne peuvent pas en courir plus de trois par an. La plupart des champions ont plusieurs chevaux afin de pouvoir participer à tous les concours d'une saison.

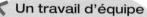

✱ Un travail d'équipe
Pendant l'épreuve d'endurance, le cavalier et le cheval forment une équipe très soudée. Il arrive souvent que ce soit le cheval qui rattrape les erreurs commises par le cavalier...

Premier jour
Le premier jour est consacré à l'épreuve de dressage où 17 mouvements doivent être exécutés en huit minutes environ. Moins difficile qu'une épreuve de dressage normale, celle du concours complet doit surtout montrer l'obéissance du cheval et l'harmonie entre le cavalier et sa monture.

Deuxième jour
L'épreuve d'endurance a lieu le deuxième jour. C'est l'épreuve la plus difficile pour les chevaux comme pour les cavaliers. Elle se déroule en quatre étapes qui comprennent deux parcours sur route et piste plates, une course de vitesse (le steeple-chase avec plusieurs clôtures) et un parcours de cross-country. Le parcours de cross-country se déroule à la campagne et comprend des obstacles naturels.

Troisième jour
Le concours hippique est la dernière épreuve du concours complet. C'est un parcours de difficulté moyenne qui comprend environ 12 obstacles. Il est conçu pour tester la forme physique et la concentration des chevaux, après l'épreuve très difficile du deuxième jour.

Endurance : parcours de cross-country

Polo

Au polo, deux équipes de quatre joueurs montés sur des chevaux se disputent une balle sur un immense terrain gazonné de 274 mètres de long sur 146 mètres de large. Ensemble, les coéquipiers doivent frapper la balle au moyen d'un long maillet afin de l'envoyer dans les buts de l'équipe adverse. Les chevaux de polo, les « poneys », sont dressés spécialement pour le jeu : ils savent placer leur cavalier en bonne position pour frapper la balle, acceptent ses acrobaties avec calme et n'ont pas peur des contacts avec les autres chevaux ! De l'avis des meilleurs joueurs, c'est grâce à sa monture qu'on peut devenir ou non un champion !

Balle
La balle est en racine de saule ou en plastique. Elle mesure environ 8 cm de diamètre.

Équipement

Maillet
Le maillet doit obligatoirement être tenu de la main droite, que le joueur soit droitier ou non. La longueur du manche en bambou est adaptée à la taille du cavalier et à celle de son cheval. On frappe la balle dans le sens de la largeur de la tête.

Selle
La selle est équipée d'une deuxième sangle, passant sur le siège, pour offrir une sécurité supplémentaire au cas où la sangle principale lâche pendant les mouvements brusques du cavalier.

Queue
La queue du poney est tressée et repliée pour éviter que les maillets ne s'y accrochent.

Protection
Les protections sont des bandes de feutre enroulées ou des guêtres qui protègent les jambes des poneys des coups de maillet et des chocs.

Déroulement d'un match

Une partie de polo se divise en six périodes de sept minutes chacune, que l'on appelle des « chukkas ». Entre chaque chukka, les joueurs doivent changer de poney pour ne pas les épuiser : il faut donc au moins sept poneys par joueur pour jouer au polo ! Il n'y a pas de temps d'arrêt dans le jeu : un cavalier qui fait une chute doit se remettre en selle sans que la partie soit arrêtée. Deux arbitres à cheval s'assurent que la partie se déroule correctement. Un but est marqué lorsque la balle passe entre les deux poteaux de but de l'équipe adverse.

Casque
Le casque est généralement équipé d'une grille de protection.

Crinière
La crinière du cheval est rasée pour éviter que les mains du cavalier ou le maillet ne s'y emmêlent.

Muserolle

Martingale
La martingale empêche la tête du cheval de trop se relever lors des arrêts rapides et évite ainsi un coup de tête au cavalier.

Genouillère
Les genouillères protègent les cavaliers des chocs et des coups de maillet.

Cloche
Les cloches protègent la surface du sabot.

Polo

Cheval de bois

Afin de perfectionner leur frappe au maillet, la plupart des meilleurs joueurs utilisent un cheval de bois. Cela leur permet de se concentrer uniquement sur leurs mouvements de maillet.

✱ **Les poneys de polo**

À l'origine, on utilisait surtout des poneys pour jouer au polo. Grâce à leur petite taille, ils pouvaient changer de direction, s'arrêter ou repartir très rapidement. Aujourd'hui, bien que la plupart des joueurs montent des chevaux, on continue de les appeler « poneys » par tradition.

Coups droits et revers

La balle peut être frappée vers l'avant, vers l'arrière ou en diagonale. Comme les joueurs de polo jouent toujours de la main droite, ils doivent se servir des revers aussi bien que des coups droits. Il s'agit d'un coup droit si la balle est située à droite du poney, et d'un revers si elle se trouve à sa gauche et que le joueur doit étendre le bras pour la frapper de l'autre côté. Un bon frappeur est capable de couvrir toute la distance du terrain en deux coups. Il peut se dresser sur les étriers pour ajouter de la puissance à son tir.

Coup droit vers l'avant

Accrochage du maillet

Les joueurs ont le droit d'accrocher le maillet de l'adversaire uniquement lorsque celui-ci est sur le point de frapper. Accrocher le maillet au-dessus du niveau de l'épaule ou par devant les jambes du cheval est interdit.

Coup perpendiculaire

Les coups perpendiculaires peuvent être frappés sous l'encolure du poney ou derrière sa queue. Le plus difficile à réaliser se frappe sous le ventre. On l'appelle le « coup du millionnaire » !

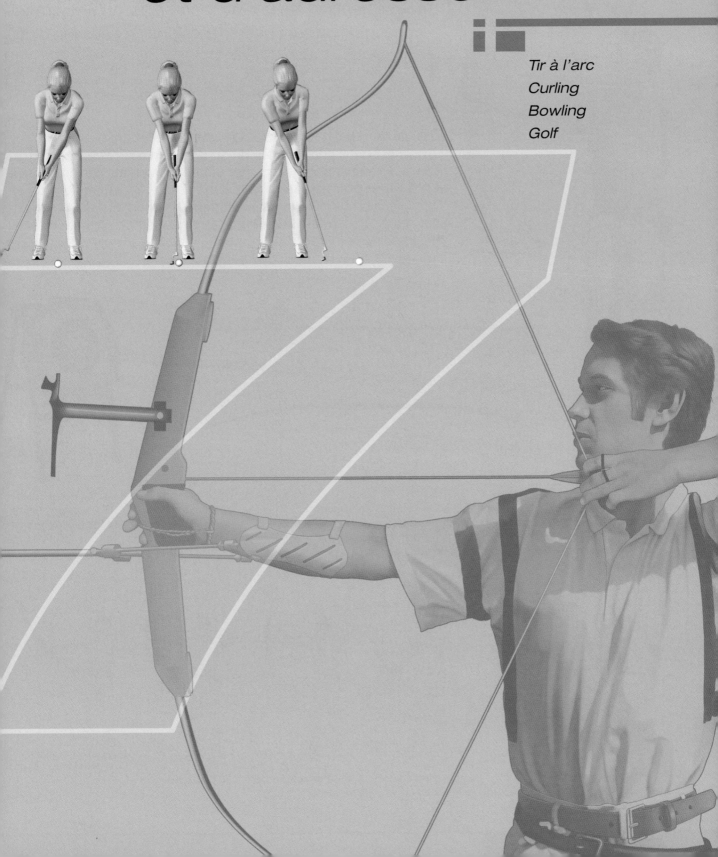

Sports de précision
et d'adresse

Tir à l'arc
Curling
Bowling
Golf

Tir à l'arc

Le tir à l'arc est un sport où les archers, hommes ou femmes utilisent un arc pour tirer des flèches en direction d'une cible à une distance donnée. Un contrôle parfait des mouvements et de la respiration ainsi qu'une grande concentration sont nécessaires pour l'exécution d'un tir précis.

Déroulement d'une compétition

Les cibles sont à une distance de 30 à 90 m des archers. Pour chaque flèche qui atteint la cible, l'archer obtient des points correspondant à des zones précises sur la cible. Lors des Jeux olympiques et aux championnats du monde, les concurrents tirent un total de 144 flèches afin de déterminer les 64 meilleurs archers. Après une autre étape éliminatoire, huit tireurs s'affrontent en finale. La finale pour l'or met aux prises les deux meilleurs archers.

Flèche

Centre de la cible

Arc droit

Technique

La précision d'un tir dépend du contrôle des mouvements de l'archer. Pour atteindre une maîtrise parfaite de ses gestes, l'archer doit les répéter un grand nombre de fois à l'entraînement, de manière à pouvoir les exécuter de façon presque automatique en compétition. Un tir lui demande environ de 15 à 20 secondes.

La cible

Sur la cible sont dessinés des cercles numérotés de 1 à 10. Le cercle central est le plus petit et donne le plus de points (10 points). C'est celui que l'archer tente d'atteindre.

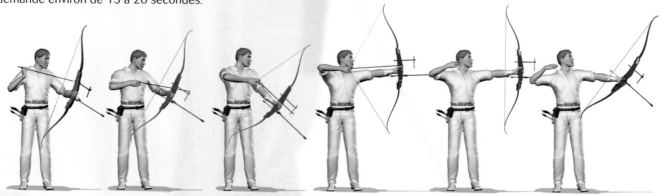

1. Préparation avant le tir
2. Placement de la flèche sur l'arc
3. Mise en position avec visée
4. Décoche
5. Suivi du tir

Curling

Au curling, deux équipes de quatre joueurs tentent de placer leurs pierres le plus près possible du centre de la cible qui se trouve à l'autre bout de la piste, en les faisant glisser sur la glace. Par le placement de ses propres pierres autour de la cible, une équipe cherche à gêner ou à empêcher l'équipe adverse de positionner les siennes. Une pierre peut aussi être utilisée pour déplacer une pierre adverse. Dans tous les cas, précision, maîtrise de ses gestes et concentration sont des qualités indispensables pour tous les joueurs. Le curling est joué par les hommes comme par les femmes.

Pierre
La pierre est en granit taillé de forme circulaire. Elle est polie et équilibrée de façon à ne pas avoir des trajectoires imprévisibles. On lui ajoute une poignée de plastique pour que les lanceurs puissent la contrôler parfaitement au moment du lancer.

Déroulement d'une compétition

Une partie se déroule en 10 manches, pendant lesquelles les équipes lancent à tour de rôle. Durant une manche, chaque joueur lance deux pierres. Lorsque le lanceur a lâché sa pierre, deux coéquipiers tentent de contrôler sa trajectoire en balayant la glace. L'équipe qui place l'une de ses pierres le plus près du « bouton » remporte une manche. Chaque pierre placée plus près du bouton qu'une pierre adverse donne un point à son équipe. C'est l'équipe qui aura accumulé le plus de points après les 10 manches qui remporte la partie.

Balayage
Réchauffée par le frottement du balai contre sa surface, la glace fond et crée une fine épaisseur d'eau qui laisse glisser la pierre plus facilement. Grâce au balayage de la glace, la pierre peut alors avancer plus loin, ou changer de trajectoire, selon l'endroit exact de la glace qui est frotté par les équipiers. Balayer peut faire avancer une pierre de plus de 30 centimètres supplémentaires ! Les équipiers balayeurs sont dirigés par le capitaine de l'équipe qui surveille la trajectoire de la pierre par rapport à la cible.

Piste
La piste est recouverte de glace et mesure 42,5 m. Sa surface est régulièrement égalisée et arrosée de gouttelettes d'eau, afin qu'elle reste parfaitement glissante.

Ligne de T
Ce n'est que derrière la ligne de T que les joueurs peuvent balayer devant une pierre adverse. Ils peuvent ainsi tenter de modifier sa trajectoire et l'éloigner du but que recherchait le lanceur adverse.

Bouton
Le diamètre du bouton est de 30,48 cm.

Maison
La maison est une cible composée de trois cercles tracés autour d'un rond central, le « bouton ». Seules les pierres qui sont entrées dans la maison (en partie ou totalement) peuvent donner des points à leur équipe.

Technique

Lancer
Après avoir mis sa pierre en mouvement, la lanceuse glisse un moment avec elle pour la contrôler. Elle la lâche ensuite en lui imprimant une légère rotation avec le poignet pour lui donner une trajectoire précise.

Bowling

Les joueurs et les joueuses de bowling lancent des boules le long d'une allée afin de renverser 10 quilles disposées en forme de triangle. Une partie de bowling se divise en 10 tours, que l'on appelle « carreaux » ou *frames*. Au cours de chacun des carreaux, le joueur dispose de deux boules pour renverser toutes les quilles qui se trouvent au fond de l'allée. S'il renverse toutes les quilles avec une seule boule, le joueur réalise un abat ou un *strike*. Lorsque les deux boules sont nécessaires pour renverser les 10 quilles, le joueur réalise une réserve ou un *spare*. L'abat et la réserve apportent des points supplémentaires au joueur. Le pointage final le plus élevé détermine le gagnant.

Équipement

Boule
Les boules sont en plastique et en fibre de verre. Elles doivent être dures, parfaitement équilibrées pour rouler droit et peser 7,258 kg. Trois trous permettent aux joueurs de les tenir en y insérant leurs doigts : le pouce, le majeur et l'annulaire.

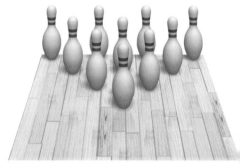

Quilles
Les quilles sont généralement en bois d'érable et revêtues d'une couche de plastique. Elles sont conçues pour tomber facilement lorsqu'elles sont bousculées par la boule.

Technique

Lancer

L'approche est le geste le plus important du bowling. Elle se fait en quatre ou cinq pas, commence lentement et accélère jusqu'au lancer. Chaque pas est accompagné d'un mouvement des bras pour préparer la boule et maintenir l'équilibre du corps.

Premier pas
Le lanceur avance son pied droit tout en tenant la boule à deux mains devant lui. Un lanceur gaucher, pour sa part, amorcera la séquence de pas avec son pied gauche.

Deuxième pas
Tandis qu'il avance son pied gauche, la main gauche lâche la boule et sert de balancier. Il fera le contraire s'il est gaucher.

Troisième pas
Le lanceur fléchit les genoux pour accélérer son mouvement. Son bras gauche lui sert toujours de balancier. Ce sera le droit s'il est gaucher.

Quatrième pas
Le joueur lance la boule du bras droit. Il donne une dernière impulsion du bout des doigts au moment où le pied gauche active sa glissade. Le lanceur gaucher fera l'inverse.

Golf

Le golf est un sport de précision qui compte de plus en plus d'adeptes de tous les âges. Munis de bâtons, les golfeurs et les golfeuses doivent frapper sur une petite balle afin de l'amener dans un trou. Le but de tout joueur est de compléter chaque trou en effectuant le moins de coups possible. Le trou est précédé d'une aire de départ, d'une allée et d'une aire d'arrivée, appelée le « vert ». C'est sur le vert que se trouve le trou à atteindre. La coordination des mouvements, le calme et la confiance en soi sont des qualités indispensables pour devenir un bon joueur de golf. Mais attention ! Pour devenir un vrai golfeur, il ne suffit pas de maîtriser les techniques ! Le joueur doit absolument respecter un code de conduite strict, axé sur la courtoisie et le respect envers les autres joueurs ainsi qu'envers l'environnement où il joue.

Équipement

Balle

De nos jours, la plupart des balles de golf possèdent un centre solide recouvert d'une enveloppe de plastique. La surface des balles est recouverte de petits trous peu profonds qui lui donnent une meilleure stabilité en vol et la rendent plus facile à contrôler au moment de la frappe.

Tee

Le tee est en bois ou en plastique. Planté dans le sol du tertre de départ, il sert à surélever la balle pour faciliter le coup de départ.

Gant

Certains golfeurs portent un gant sur une seule main pour améliorer leur prise sur le bâton.

Chaussures

Les chaussures des golfeurs sont habituellement en cuir. Leur semelle est munie de crampons qui assurent une meilleure stabilité aux golfeurs pour exécuter leurs mouvements.

Golf

Parcours

Les parties de golf se déroulent en plein air, sur un parcours parsemé d'obstacles naturels ou artificiels, tels que des arbres, des fosses de sable, des mares ou des cours d'eau. Les 18 trous du parcours sont séparés du départ par une longueur variant entre 91 et 549 m. Selon les obstacles et la distance séparant le tertre de départ du vert, les trous sont qualifiés de normale 3, de normale 4 ou de normale 5. La normale représente le nombre de coups nécessaires pour amener la balle du départ jusque dans le trou.

Déroulement des compétitions

Les compétitions se disputent individuellement ou en équipe. Le classement mondial des joueurs est établi sur un cycle de deux ans, chaque joueur accumulant des points pendant un minimum de 40 tournois. Parmi les championnats majeurs, on note l'Omnium des États-Unis ou US Open, qui a lieu sur des parcours différents chaque année, l'Omnium britannique ou British Open, disputé en Écosse ou en Angleterre, la Coupe Ryder, qui met aux prises une équipe américaine et une équipe européenne, et la Coupe Dunhill, où s'affrontent des équipes de trois joueurs de différents pays. Le golf n'est pas une discipline olympique.

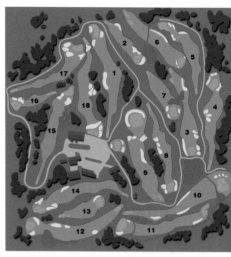

Diagramme d'un terrain de golf, vu de haut.

Trou d'un coup
Se dit d'une balle qui atterrit dans le trou en un seul coup (du tertre de départ).

Oiselet (*birdie*)
Un joueur réalise un oiselet lorsque sa balle atteint le trou en un coup de moins que la normale.

Boguey (*bogey*)
Un joueur réalise un boguey lorsque sa balle atteint le trou en un coup de plus que la normale. Selon le nombre de coups supérieurs à la normale, un joueur peut réaliser un boguey double, un boguey triple, un boguey quadruple, etc.

Aigle (*eagle*)
Un joueur réalise un aigle lorsque sa balle atteint le trou en deux coups de moins que la normale.

Obstacle d'eau
Les obstacles d'eau sont des rivières, des mares ou des plans d'eau artificiels situés sur le parcours de golf. Si le joueur y envoie la balle, il doit la jouer à l'endroit où elle se trouve. Si cela est impossible, il devra remettre une nouvelle balle en jeu près de la balle perdue. Ce geste lui coûtera un coup de pénalité.

Trou
Le trou mesure 10,8 cm de largeur et a une profondeur d'au moins 10 cm. Un drapeau installé dans son centre permet de le repérer à distance. Dans le but d'ajouter un degré de difficulté au parcours, la position du trou est changée chaque jour.

Fosse de sable
Les fosses de sable sont situées dans des endroits stratégiques de l'allée, mais c'est autour du vert qu'on les retrouve en plus grand nombre. Si le joueur y envoie sa balle, il devra la jouer exactement à l'endroit où elle se trouve, sans modifier ni toucher le sable avant le coup. Les fosses de sable sont souvent de véritables pièges dont il est parfois difficile de sortir.

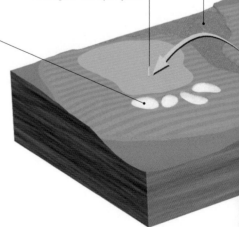

Normale 3

Pour un trou de normale 3, les golfeurs tentent d'envoyer la balle le plus près possible du trou, dès le premier coup. Ils disposeront ensuite de deux coups supplémentaires pour réaliser la normale.

Vert

a surface du vert est parfaitement rase et très bien entretenue afin que toute balle roulant sur sa surface puisse atteindre la vitesse désirée et garder sa trajectoire.

Tertre de départ

La surface du tertre de départ est plane et sans obstacle. C'est à partir de cette aire qu'est frappé le coup de départ.

Normale 4

Sur un trou de normale 4, les golfeurs tentent d'envoyer la balle sur le vert dès le deuxième coup. Ils disposeront ensuite de deux coups supplémentaires pour réaliser la normale.

Allée

L'allée est la plus grande partie du tracé d'un trou. Elle mesure généralement entre 23 et 55 m de largeur et est délimitée par l'environnement naturel du terrain de golf. La difficulté du parcours d'un trou est souvent due au tracé de l'allée.

Normale 5

Sur un trou de normale 5, les golfeurs tentent d'envoyer la balle sur le vert en trois coups. Les joueurs disposeront ensuite de deux coups supplémentaires pour jouer la normale et faire pénétrer la balle dans le trou.

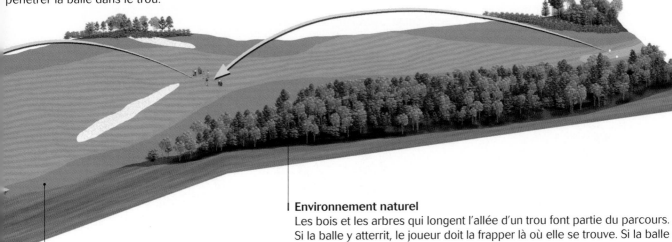

Herbes longues

Environnement naturel

Les bois et les arbres qui longent l'allée d'un trou font partie du parcours. Si la balle y atterrit, le joueur doit la frapper là où elle se trouve. Si la balle n'est pas retrouvée ou si elle se trouve hors des limites du parcours de golf, le joueur doit recommencer au tertre de départ avec une nouvelle balle et inscrire deux coups de pénalité à son pointage. Lorsque la balle est visible mais impossible à frapper, le joueur peut laisser tomber une nouvelle balle à proximité de la balle injouable. Ce geste lui coûte alors un coup de pénalité.

Golf

Sac de golf

Le joueur s'en sert pour transporter ses bâtons. Il peut utiliser jusqu'à 14 bâtons différents pendant une compétition. Il les choisit en fonction du type de terrain et de la distance que doit couvrir la balle. Il y a trois catégories de bâtons : les bois, les fers et les fers droits (*putters*). Les bois sont généralement utilisés pour des coups de longue distance et les coups de départ. Les fers servent habituellement aux coups d'approche à proximité du vert ou sur le vert. Les fers droits servent aux coups roulés sur le vert, lorsque le joueur doit diriger la balle avec le maximum de précision. Selon la forme et l'inclinaison de la tête, le bâton agit sur la trajectoire de la balle, et permet de varier la hauteur et la distance parcourue.

Fore !

Lorsqu'il croit que sa balle peut blesser un autre joueur, le golfeur interrompt le silence du parcours de golf et crie «Fore!». Ce signal, qui signifie «Attention, en avant!», est un héritage militaire. Lorsque les armées de soldats s'affrontaient en rangs, les combattants situés dans les rangs arrière criaient aussi ce mot. Le message était clair : il indiquait aux soldats des rangs avant de se pencher.

Prises

Prise baseball

Prise entrecroisée

Prise superposée

La prise du bâton de golf est extrêmement importante. Le golfeur doit trouver la position des mains qui est la plus confortable, et qui lui donnera la souplesse et la précision nécessaires.

Technique

Coup long

Les coups de départ et le deuxième coup sont généralement des coups longs. Le golfeur se place avec précision, parfaitement aligné avec l'endroit où il désire envoyer sa balle. La position de son corps ainsi que les mouvements de ses bras et de ses épaules déterminent la réussite de son coup.

Coup roulé

Le coup roulé est réalisé sur le vert. Avant de réaliser un coup roulé, la golfeuse prend le temps de bien observer la pente ou l'inclinaison du vert, ainsi que la distance qui lui reste à franchir. Pour réussir son coup roulé, la golfeuse doit exécuter un geste léger et sans retenue, à la manière d'un balancier de pendule, en évaluant bien la vitesse et la distance nécessaires pour atteindre le trou.

Sports de neige et de glace

Hockey sur glace
Patinage artistique
Patinage de vitesse
Luge, Skeleton et Bobsleigh
Ski alpin
Ski acrobatique
Ski de vitesse
Saut à ski
Ski de fond
Surf des neiges

Hockey sur glace

Le hockey est l'un des sports collectifs les plus rapides qui soient : les joueurs se croisent sur une patinoire à près de 60 km/h, poursuivant une rondelle de caoutchouc qu'ils cherchent à lancer dans le but de l'équipe adverse. Pour la diriger, ils se servent d'un bâton avec lequel ils peuvent la projeter à 200 km/h ! Le hockey est un sport rude où les contacts et même les charges contre les adversaires sont autorisés s'il s'agit de leur prendre la rondelle. Une excellente forme physique est bien sûr indispensable, mais la rapidité des réflexes et des décisions est aussi très importante pour devenir un bon hockeyeur. Hommes et femmes ont des championnats du monde et compétitionnent au niveau olympique.

Équipement

Les nombreux éléments qui composent l'équipement d'un hockeyeur sont prévus pour le protéger des chocs à tous les endroits exposés ou sensibles. L'équipement du gardien de but est plus important que celui des autres, car celui-ci fait face à des tirs très puissants et doit pouvoir les arrêter sans risquer d'être blessé.

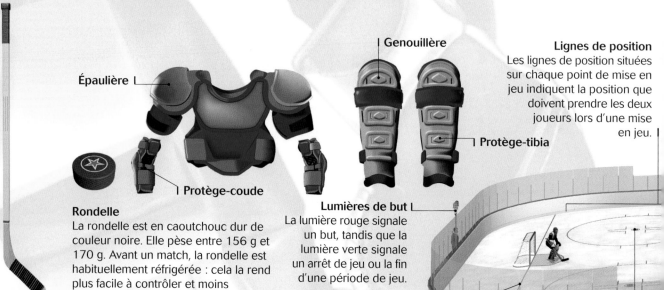

Genouillère

Épaulière

Lignes de position
Les lignes de position situées sur chaque point de mise en jeu indiquent la position que doivent prendre les deux joueurs lors d'une mise en jeu.

Protège-tibia

Protège-coude

Rondelle
La rondelle est en caoutchouc dur de couleur noire. Elle pèse entre 156 g et 170 g. Avant un match, la rondelle est habituellement réfrigérée : cela la rend plus facile à contrôler et moins dangereuse si elle frappe un joueur.

Lumières de but
La lumière rouge signale un but, tandis que la lumière verte signale un arrêt de jeu ou la fin d'une période de jeu.

Bâton
Le manche du bâton est généralement fait d'aluminium ou de matériaux tels que le graphite ou le Kevlar^MD. Son extrémité recourbée forme la lame. C'est cette partie qui entre en contact avec la rondelle. La lame peut être faite de bois ou de différents matériaux, à l'exception de l'aluminium.

Ligne de but
La rondelle doit la traverser pour que le but soit accordé.

Cercle et point de mise au jeu
Les cinq cercles et les neuf points servent d'emplacements pour les différentes mises en jeu de la rondelle.

Déroulement d'un match

Surveillé par trois arbitres, un match se joue en trois périodes de 20 minutes avec deux intermissions de 15 minutes. Les buts, les hors-jeu, les pénalités ou les punitions rendent les arrêts de jeu fréquents, si bien qu'une partie dure en moyenne de deux à trois heures au total. Un joueur coupable d'une faute est puni et doit sortir de la patinoire pendant deux, quatre ou cinq minutes selon la gravité de sa faute. Son équipe ne peut pas le remplacer et doit jouer avec un joueur en moins ; elle se trouve alors en désavantage numérique. En cas d'égalité de points à la fin d'un match, la partie est prolongée de 5 à 20 minutes.

Hors-jeu

La patinoire de hockey est traversée par cinq lignes qui permettent de réglementer le jeu. Aucun joueur ne peut traverser avant la rondelle la ligne bleue située face au but adverse. De plus, il est interdit à un joueur attaquant de passer la rondelle à un équipier situé deux lignes plus loin que lui. La violation d'une règle entraîne un hors-jeu : le juge de ligne arrête le jeu et effectue une nouvelle mise en jeu.

Pénalités

Les arbitres signalent des pénalités lorsqu'un joueur fait trébucher, retient ou accroche un adversaire avec son bâton. Il est par ailleurs interdit de tenir son bâton plus haut que l'épaule : cela pourrait être dangereux pour les autres joueurs. Tenter de gêner ou de frapper un adversaire qui ne joue pas la rondelle est également passible d'une pénalité. Les pénalités les plus sévères conduisent à l'exclusion du match.

Mise en jeu

Pendant une mise en jeu, deux joueurs se font face et tentent de s'emparer de la rondelle après que l'arbitre l'a laissée tomber entre eux. Au début d'un match ou d'une nouvelle période, ou lorsqu'un but est marqué, la rondelle est remise en jeu au centre de la patinoire. Pendant la partie, la rondelle est remise en jeu par l'arbitre, sur l'un des huit autres points situés sur la patinoire.

Juge de ligne (2)

Les juges de ligne signalent les hors-jeu et mettent fin aux bagarres.

Arbitre

L'arbitre supervise l'ensemble de la partie, effectue les remises en jeu de la rondelle et veille à l'application des règlements.

Ligne médiane

La ligne médiane divise la patinoire en deux zones égales, qui appartiennent chacune à une équipe.

Zone neutre

La zone neutre est délimitée par les deux lignes bleues. Les changements de joueurs doivent se faire à l'intérieur de cette zone.

But (2)

Les buts ne sont pas fixés, mais seulement maintenus en place sur la glace par des aimants. Cela évite les chocs trop rudes pour les joueurs qui entrent en contact avec les buts.

Banc des pénalités

Le banc des pénalités accueille les joueurs punis.

Ligne bleue (2)

Les lignes bleues divisent la patinoire en trois parties égales : la zone défensive, la zone d'attaque et la zone neutre.

La patinoire

La patinoire est rectangulaire et mesure 61 m de long sur 26 m de large dans la LNH (Ligue nationale de hockey) et 30 m de large au hockey olympique. Autour de l'aire de jeu, des bancs sont prévus pour les officiels ainsi que pour les entraîneurs et les joueurs de chaque équipe.

Patinage artistique

Les sauts

Chacun des différents sauts est caractérisé par son type d'appel et de réception. Les sauts sont également classés selon le nombre de révolutions aériennes effectuées par le patineur : simple, double, triple ou quadruple.

L'axel

L'axel est considéré comme étant le plus difficile des sauts et réclame une grande précision : c'est le seul saut qui commence par une prise d'élan en direction avant. Il peut être réalisé en simple, en double ou en triple.

Le lutz

Unique et très exigeant sur le plan physique, le lutz est semblable au flip, le patineur partant d'un appui sur le pied gauche avec un piqué du pied droit.

Le boucle piqué

Le boucle piqué est le plus simple des sauts piqués avec prise d'élan en direction arrière. La réception se fait elle aussi en arrière, sur le pied qui a donné l'élan.

Patinage artistique

Le flip
Le flip est un saut piqué avec élan arrière. Il doit être exécuté sur une ligne droite.

Les spirales
Les spirales sont des figures spectaculaires pendant lesquelles les patineurs tournent sur eux-mêmes à grande vitesse. Les plus connues sont l'arabesque avant ou arrière, la spirale « pied dans la main » en patinage individuel et la « spirale de la mort » en patinage en couple : le patineur fait tournoyer sa partenaire en la tenant par un bras, tandis que la patineuse cherche à se placer le plus bas possible, le dos parallèle à la glace.

Spirale de la mort arrière extérieure

Patinage de vitesse

Lancés à pleine puissance sur une glace lisse comme un miroir, les patineurs de vitesse atteignent 60 km/h. Dans leur lutte pour franchir les premiers la ligne d'arrivée, ils prennent des départs éclair, se penchent dans les virages au risque de chuter et font preuve d'une forme physique exceptionnelle. Pratiqué par les hommes et les femmes, le patinage de vitesse se déroule sur des pistes ovales, qui peuven être des « longues pistes » ou des « courtes pistes ». En longue piste, les patineurs s'affrontent deux par deux, tandis qu'en courte piste, ils courent par groupes de quatre à six.

Compétitions sur courte piste

Il existe des courses individuelles et des courses en relais par équipes de quatre. Les coureurs prennent le départ ensemble et peuvent se dépasser librement. Cependant, il est interdit de gêner un adversaire en le dépassant, ou de gêner un adversaire qui tente de vous dépasser. Le vainqueur est celui qui effectue le meilleur temps en finale. Pour les hommes et les femmes, les distances sont les mêmes et varient de 500 à 3000 m. Au relais, les femmes patinent sur 3000 m et les hommes sur 5000 m.

Juges à la ligne d'arrivée et préposés à la photo d'arrivée
Ils sont responsables du chronomètre électronique. Si celui-ci tombe en panne, ils peuvent chronométrer les courses manuellement.

Juge de départ
Le juge de départ donne le signal du départ avec un pistolet.

Arbitre adjoint
Les arbitres adjoints notent les infractions commises par les coureurs. Deux d'entre eux, chaussés de patins, se tiennent au centre de la piste, tandis que deux autres se postent aux extrémités de la piste, à l'extérieur de la patinoire.

Courte piste
Un tour complet de courte piste équivaut à environ 111 m de long. Il faut donc 4 tours ½ pour compléter la course de 500 m.

Entraîneurs
Les entraîneurs peuvent donner des instructions à leur patineur pendant la course.

Arbitre en chef
L'arbitre en chef supervise le travail des arbitres adjoints et est responsable de l'application des règlements pendant la compétition.

Patinage de vitesse

Technique de courte piste

Position de base

Afin de pouvoir aborder les virages à grande vitesse, les patineurs se tiennent penchés vers l'avant, les genoux légèrement fléchis. Cette position leur permet de garder l'équilibre et donne une meilleure poussée sur les patins.

Patin de courte piste

Sa lame est courbée dans le sens du virage et placée en diagonale sur la semelle. Cela donne une meilleure stabilité au patineur dans les virages.

Ligne droite

La position de base.

Courbe

Pendant les virages, les patineurs peuvent toucher la piste avec leur main pour garder leur équilibre. Mais ils ne s'appuient pas longtemps, car cela les ralentirait.

Départ

Au départ, les patineurs font quelques pas courus pendant lesquels ils plantent leurs lames dans la glace pour prendre un appui solide. Cela leur permet d'atteindre rapidement l'élan nécessaire.

Matelas de protection

Les matelas de protection recouvrent la bande qui ceinture la piste pour éviter que des patineurs se blessent au cours d'une chute. Ils sont en styromousse et recouverts de vinyle.

Cône

En caoutchouc ou en matière plastique, les cônes sont disposés dans les virages afin d'identifier le tracé de la piste. Ils ne sont pas fixés sur la glace au cas où ils seraient heurtés par un patineur.

Responsable du décompte des tours

Le responsable du décompte des tours signale aux patineurs le nombre de tours qui restent à faire, à l'aide d'un compte-tours.

Patinage de vitesse

Compétitions sur longue piste

Sur longue piste, les patineurs pratiquent deux types de courses : les sprints, qui se déroulent sur 500 et 1000 m, tandis que la catégorie toutes distances comprend des épreuves allant de 500 à 10 000 m pour les hommes et de 500 à 5000 m pour les femmes. Quelle que soit la distance, deux patineurs prennent le départ ensemble et courent contre le chronomètre. Les temps sont ensuite convertis en points afin de déterminer le classement de tous les coureurs. Chaque concurrent court dans son couloir et ne doit pas dépasser les cônes qui le délimitent. Afin que chacun parcoure la même distance, les deux patineurs changent de couloir à chaque tour dans la zone de croisement.

Technique de longue piste

Position de base
Les patineurs se tiennent penchés vers l'avant et replient un bras dans leur dos pour diminuer la résistance de l'air. L'autre bras leur sert de balancier pour garder l'équilibre dans les virages. Au sprint, ils balancent les deux bras au départ et à l'arrivée afin d'augmenter leur force d'accélération.

Juge de piste
Les juges de piste sont postés aux virages. Ils s'assurent que les patineurs ne gênent pas leurs concurrents et prennent le virage correctement.

Ligne droite

Courbe

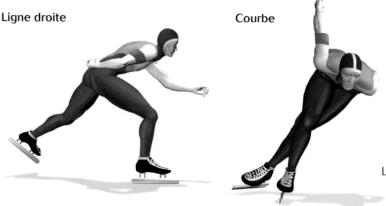

Matelas de protection

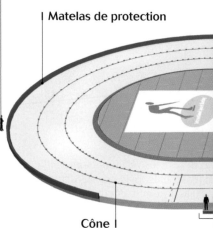

Cône
Les cônes délimitent le couloir que chaque patineur doit suivre.

Poussée longue
Pour garder une vitesse constante, les patineurs doivent donner de longues poussées sur les patins. Ils s'aident par un balancement des bras et par des mouvements des épaules, tout en gardant la position penchée vers l'avant.

Juge de départ et son assistant
Le juge de départ et son assistant donnent le signal du départ et rapportent les faux départs. Mais seul le juge de départ peut prendre une décision concernant un faux départ.

Patinage de vitesse

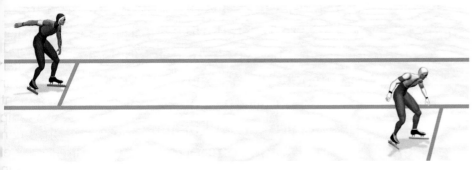

Départ

Les patineurs s'efforcent de fournir la poussée de départ la plus forte possible. En sprint, la rapidité et la puissance du coup de patin de départ sont déterminantes.

Longue piste

Un tour complet de longue piste mesure 400 m. La piste est divisée en trois couloirs dont l'un sert uniquement à l'échauffement des patineurs.

Patin Klap

Le patin Klap est utilisé sur les longues pistes. Sa longue lame est aiguisée soigneusement et se détache du talon. Cela permet au patineur de rester plus longtemps en contact avec la glace et de donner une meilleure poussée.

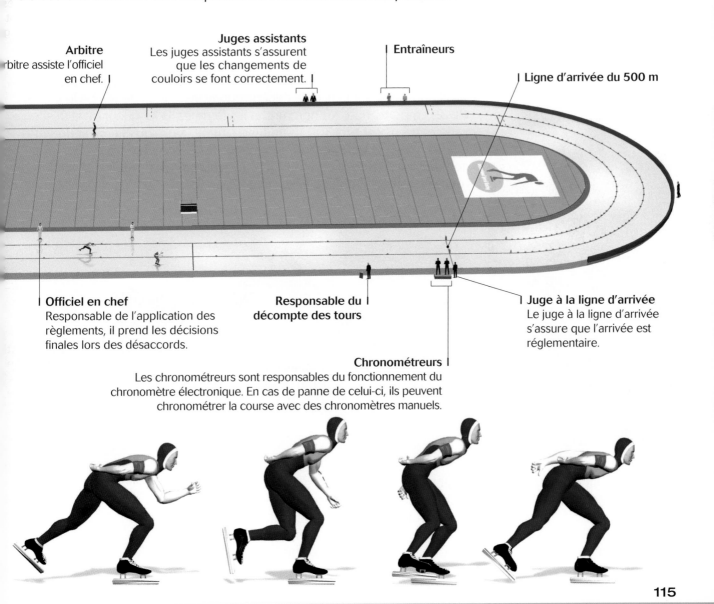

Arbitre
bitre assiste l'officiel en chef.

Juges assistants
Les juges assistants s'assurent que les changements de couloirs se font correctement.

Entraîneurs

Ligne d'arrivée du 500 m

Officiel en chef
Responsable de l'application des règlements, il prend les décisions finales lors des désaccords.

Responsable du décompte des tours

Juge à la ligne d'arrivée
Le juge à la ligne d'arrivée s'assure que l'arrivée est réglementaire.

Chronométreurs
Les chronométreurs sont responsables du fonctionnement du chronomètre électronique. En cas de panne de celui-ci, ils peuvent chronométrer la course avec des chronomètres manuels.

Luge, Skeleton et Bobsleigh

Pour dévaler une piste glacée assis ou allongé sur un engin lancé à plus de 130 km/h, il faut du courage ! Les hommes et les femmes qui pratiquent le bobsleigh, la luge ou le skeleton n'en manquent pas. Mais ils savent aussi piloter leurs engins avec précision dans les nombreux virages pour ne pas perdre un seul dixième de seconde. L'engin le plus rapide remporte la compétition. Le bobsleigh se pratique à deux ou à quatre équipiers, la luge se pratique seul ou à deux, tandis que le skeleton se pratique uniquement en solo. Dans toutes ces disciplines, la rapidité des réflexes, le calme et le sang-froid sont des qualités indispensables pour atteindre le podium.

Luge

Les compétitions de luge sont des courses contre la montre : chaque concurrent effectue de deux à quatre descentes chronométrées. On additionne ses résultats et le concurrent ayant le total de temps le moins élevé l'emporte. Pour les hommes et les femmes, la longueur de la descente varie entre 1000 et 1300 m en luge simple, alors qu'elle se situe entre 800 et 1050 m pour les luges doubles. En Europe centrale, les compétitions se déroulent parfois sur des pistes naturelles : ce sont des routes ou des chemins glacés dont les virages ne sont pas protégés.

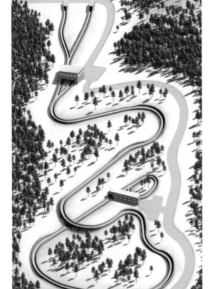

1. Départ
Assis dans sa luge, le concurrent se tient à des poignées de départ situées de chaque côté de la piste.

2. Démarrage
Lorsqu'il est prêt, le concurrent s'élance en tirant fortement sur les poignées.

3. Accélération
Pour augmenter son élan, le lugeur effectue plusieurs poussées sur la piste à l'aide de ses mains. Il porte pour cela des gants spéciaux, munis de crampons.

Piste

Les pistes sont construites en béton et recouvertes de glace. La glace est réfrigérée artificiellement à l'aide d'un produit chimique : l'ammoniaque. Les tracés d'une piste peuvent être différents, mais ils doivent tous comprendre une plate-forme de départ, des lignes droites, des courbes et des virages relevés, et bien sûr une « rampe de décélération », c'est-à-dire une ligne droite qui permet aux concurrents de freiner après leur descente.

Luge, Skeleton et Bobsleigh

Skeleton

Au skeleton, les concurrents sont allongés sur le ventre et descendent la tête la première ! Les épreuves sont des courses contre la montre. Le vainqueur est le concurrent ou la concurrente ayant effectué le meilleur temps.

1. Départ
Le coureur se tient aux poignées du skeleton et prend une course d'élan de 50 m environ. Pour qu'il puisse accélérer le mieux possible, ses chaussures sont munies de crampons. Il s'agit en général des mêmes chaussures que les coureurs du 100 m en athlétisme.

2. Embarquement
Le coureur soulève ses jambes et se laisse tomber à plat ventre sur le skeleton. Ce mouvement ne doit pas être trop brusque : cela pourrait le déséquilibrer et lui faire perdre le contrôle du skeleton.

3. Position de descente
Le coureur se dirige en déplaçant très légèrement son poids vers la gauche ou la droite. Après l'arrivée, il peut se servir de ses pieds pour freiner.

Bobsleigh

Contrairement à la luge ou au skeleton, le bobsleigh est recouvert d'une carrosserie derrière laquelle les athlètes s'abritent pendant la descente. Il est piloté par l'équipier placé à l'avant, grâce à des poignées reliées à des câbles qui orientent les patins avant. Le dernier équipier, situé à l'arrière du bobsleigh, est chargé d'actionner le système de freinage lorsqu'il le faut. Les compétitions sont des épreuves contre la montre : c'est l'équipe ayant effectué le temps le plus court qui remporte la descente.

1. Départ
Se tenant à des poignées de départ extérieures, les équipiers donnent l'élan initial à leur bobsleigh en le poussant fortement.

2. Poussée
Les équipiers continuent leur poussée en courant sur une distance moyenne de 50 m.

3. Embarquement
Tout en courant et en poussant le bobsleigh, les équipiers y prennent place chacun leur tour, en commençant par le pilote. En embarquant, ils rentrent leur poignée de départ dans la carrosserie.

4. Position de descente
Pour réduire la résistance du vent pendant la descente, les équipiers sont assis, la tête penchée vers l'avant, à l'exception du pilote, bien entendu ! Ils se tiennent à des poignées situées à l'intérieur du bobsleigh et se déplacent de gauche à droite dans les virages afin d'accélérer la vitesse de descente. Le freineur actionne un levier pour arrêter l'engin après la ligne d'arrivée.

4. Descente et direction
Le lugeur s'allonge sur le dos pendant la descente. Pour se diriger, il lui suffit de faire de légers mouvements — tourner la tête ou les épaules, par exemple. De cette façon, il change la répartition de son poids sur la luge, ce qui l'oriente différemment.

5. Freinage et arrêt
Après avoir franchi la ligne d'arrivée, le lugeur se redresse et s'appuie sur ses pieds tout en continuant à glisser. Il soulève l'avant de la luge pour freiner et s'arrêter.

Ski alpin

En ski alpin, les skieurs et les skieuses défient les lois de l'équilibre et dévalent les pentes à toute vitesse en respectant un parcours tracé par des piquets plantés dans la neige. Le but est de franchir la ligne d'arrivée en un minimum de temps. Un chronomètre précis au centième de seconde doit être utilisé pour départager les concurrents, car les écarts de temps sont souvent très faibles. Dans toutes les épreuves, les skieurs doivent avoir une excellente condition physique, une grande confiance en eux et de très bons réflexes : lorsqu'on glisse à plus de 100 km/h, il faut rester concentré sur son objectif pour gagner

Lunettes

Le soleil ou un temps couvert peuvent être très aveuglants pour les skieurs à cause des reflets de la lumière sur la neige. Ils portent alors des lunettes dont les verres filtrants leur permettent de mieux voir le relief de la piste qu'ils descendent.

Équipement

Skis

Un ski se compose de trois parties : le talon, le patin et la spatule. Ce sont les différences de largeur, de longueur et de coupe du ski qui déterminent son comportement sur la neige. On utilise généralement des skis longs pour les épreuves de vitesse, parce qu'ils sont plus stables, et des skis aux patins étroits pour les épreuves techniques, car ils sont plus maniables.

Botte

Les bottes sont très rigides. Au talon et à la pointe, leur semelle comporte une empreinte qui permet de les emboîter dans la fixation du ski. Elles bloquent les chevilles des skieurs afin qu'ils puissent diriger leurs skis avec toute la force de leurs jambes en position penchée vers l'avant.

Carre

Les carres permettent au ski de «mordre» dans la neige pour tourner. Ce sont des lames métalliques fixées de chaque côté du ski. On les aiguise régulièrement afin qu'elles restent mordantes.

Fixations

Les fixations maintiennent la botte sur le ski. Elles s'ouvrent en cas de chute pour éviter que le skieur se blesse.

| Talon | Patin | Spatule |

Semelle

La semelle est la partie du ski qui entre en contact avec la neige ; c'est d'elle que dépend la vitesse à laquelle glisse le ski. Elle est très lisse, généralement en matière synthétique. Pour la rendre encore plus glissante, on lui applique avant la compétition une cire spéciale adaptée à la qualité de la neige.

Descente et super-G

Slalom G

Slalom

Épreuves

Le ski alpin compte quatre disciplines. La descente et le super-géant (super-G) sont des épreuves de vitesse pure. Le slalom géant et le slalom (ou slalom spécial) sont des épreuves où l'aspect technique est plus important que la vitesse. Les épreuves combinées permettent aux skieurs de démontrer leurs talents dans plusieurs épreuves différentes, généralement une descente et un slalom. Les meilleurs résultats des skieurs dans les épreuves combinées forment la note finale.

Tracés des différentes épreuves

Les compétitions de ski se déroulent dans le monde entier. Le tracé des épreuves varie suivant la montagne sur laquelle elles ont lieu. La tour de chronométrage et le tableau d'affichage des temps des skieurs sont toujours situés au pied des pistes.

Officiels
Lors de toutes les compétitions, des officiels répartis le long de la piste s'assurent du bon déroulement des épreuves.

Départ
Après le signal du juge de départ, le skieur s'élance. Pendant les premiers mètres de la course, il continue à prendre de l'élan en poussant sur ses bâtons et en patinant comme un patineur sur glace.

Ligne d'arrivée
La ligne d'arrivée est située au pied des pistes. Le chronomètre s'arrête au passage des skieurs.

Combinaison
La combinaison est très ajustée afin que l'air glisse dessus facilement, mais elle est assez flexible pour ne pas gêner le skieur dans ses mouvements.

Bâton
Les bâtons sont à la fois légers et rigides, généralement en aluminium ou en fibres composites. Ils servent au départ et lors des virages, en plus d'aider à garder l'équilibre.

Casque
Le casque protège le tête du skieur en cas de chute. La plupart des skieurs portent un casque dans toutes les disciplines. Il est obligatoire en descente.

Ski alpin

Épreuves de vitesse

Les différentes épreuves de vitesse se déroulent en une seule manche.

Descente

La descente est l'épreuve la plus rapide du ski alpin. La pente est très forte, et le tracé est fait principalement de grandes lignes droites et de longs virages rapides. Les skieurs ont trois jours d'essais avant la compétition pour le reconnaître et en apprendre tous les pièges. Le jour de l'épreuve, ils dévalent la piste à 120 km/h, en moyenne, et atteignent 140 km/h en pointe de vitesse.

Sauts

En descente, les skieurs vont tellement vite que la moindre bosse les fait sauter sur de longues distances. Pour ne pas être ralentis et perdre leur équilibre, ils cherchent à s'élever le moins possible et restent regroupés dans une position proche de celle du schuss.

Super-géant ou super-G

L'épreuve du super-géant combine la vitesse de la descente et la technique du slalom géant. Le tracé du super-géant est très rapide et comprend au moins 35 «portes» formées par deux piquets, dans lesquelles les concurrents doivent passer. Les concurrents découvrent le tracé le jour de la compétition.

Porte

Les piquets des portes sont en plastique. Ils sont articulés à la base de façon à se coucher lorsque le skieur les heurte.

Schuss

La position du schuss est utilisée en descente ou dans les lignes droites en super-G et en slalom géant. On l'appelle aussi la position de l'œuf! En se courbant vers l'avant, les coudes près du corps et le dos arrondi, le skieur est moins freiné par l'air que s'il se tenait redressé.

Épreuves techniques

Les épreuves techniques se déroulent sur des parcours moins rapides, comprenant plus de «portes». Les skieurs doivent négocier les nombreux virages et changements de direction sans perdre de temps et en conservant leur élan. Une compétition se déroule en deux manches. Les temps des deux descentes sont additionnés pour déterminer le vainqueur.

Slalom ou slalom spécial

Le tracé du slalom est fait de portes rapprochées, formées par deux piquets rouges ou bleus. Les concurrents doivent franchir toutes les portes en alternant les rouges et les bleues. Ils sont éliminés s'ils en ratent une seule.

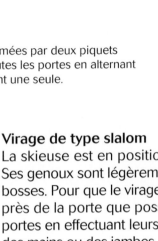

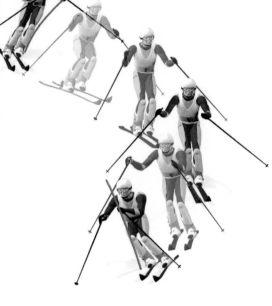

Virage de type slalom

La skieuse est en position droite, les pieds rapprochés. Ses genoux sont légèrement fléchis afin d'amortir le choc des bosses. Pour que le virage soit rapide, la skieuse doit passer aussi près de la porte que possible. Les skieurs heurtent souvent les portes en effectuant leurs virages, exerçant ensuite une poussée des mains ou des jambes, si nécessaire. Afin d'éviter de se blesser en frappant les portes, les skieurs portent un équipement de protection aux mains, aux tibias et sur la figure.

Virage type géant

Également utilisé en descente et en super-G, il s'effectue genoux fléchis, buste légèrement incliné vers l'avant, pieds et bras relativement écartés. Toute la pression s'effectue sur la carre intérieure du ski extérieur. Le skieur se sert de ses bras et du ski intérieur pour garder son équilibre.

Portes fermées

On les appelle aussi portes verticales. Elles sont placées l'une devant l'autre sur la pente.

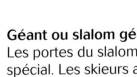

Portes ouvertes

On les appelle aussi portes horizontales. Elles sont placées une à côté de l'autre sur la pente.

Géant ou slalom géant

Les portes du slalom géant sont moins rapprochées qu'au slalom spécial. Les skieurs atteignent une vitesse plus élevée et cherchent à la conserver malgré les enchaînements de virages.

Ski acrobatique

Bondissant dans les airs, tournoyant sur eux-mêmes dans des figures rapides et complexes, les skieurs acrobatiques allient la vitesse du ski alpin aux prouesses des gymnastes. Les trois disciplines reconnues sont l'acroski, la descente de bosses et le saut. Les athlètes sont souvent spécialisés dans l'une d'entre elles, car toutes réclament des compétences et des qualités particulières. L'épreuve de bosses consiste à descendre une forte pente parsemée de bosses avec style et rapidité. L'épreuve de saut consiste à exécuter des figures aériennes en s'élançant sur un tremplin de neige. L'acroski est un enchaînement de figures acrobatiques et de pas exécutés en musique. Sport à la fois athlétique et artistique, le ski acrobatique exige de ses champions une grande souplesse et une maîtrise totale de leurs mouvements.

Saut périlleux avant
Les sauts périlleux peuvent être réalisés avec ou sans l'aide des bâtons. Lorsque le saut est réalisé avec l'aide des bâtons, le skieur marque généralement un temps d'arrêt en position renversée, avant de terminer sa rotation.

Acroski

L'épreuve d'acroski se déroule sur une pente douce et plane, avec des skis courts et des bâtons. Les concurrents présentent une chorégraphie devant sept juges, sur une pièce musicale de leur choix. Les principaux mouvements qui composent une chorégraphie sont les valses, les sauts et les sauts périlleux. L'harmonie avec la musique et la variété des figures ou des enchaînements comptent autant que leur difficulté technique. À la fin de l'épreuve, les concurrents obtiennent une note sur 10 points.

Ski acrobatique

Descente de bosses

L'épreuve de bosses se déroule sur une pente en ligne droite, parsemée de nombreuses bosses que les concurrents doivent utiliser pour virer. Pendant leur descente, ils doivent aussi effectuer deux sauts acrobatiques sur des bosses d'envol, tout en étant le plus rapides possible. Lors de l'épreuve « en parallèle », très spectaculaire, deux concurrents s'élancent en même temps sur la piste et cherchent à franchir la ligne d'arrivée en tête. Dans toutes les épreuves, les skieurs sont chronométrés, mais aussi notés par sept juges. Les notes sont attribuées selon la qualité des virages, la qualité des sauts et la vitesse. Les chronométrages sont transformés en points et la note finale est attribuée sur 10 points.

Bosse
Les bosses sont espacées de 3,5 m environ.

Bosses d'envol
Les bosses d'envol doivent se trouver à 50 m au moins du haut et du bas de la piste.

Virage
Malgré les bosses, le skieur cherche à rester en contact avec la piste. Il garde le haut du corps droit : ce sont ses jambes et ses genoux qui amortissent les chocs et donnent la direction.

Ligne d'arrivée
Au passage de la ligne d'arrivée, les temps des skieurs sont calculés à l'aide d'un chronomètre électronique.

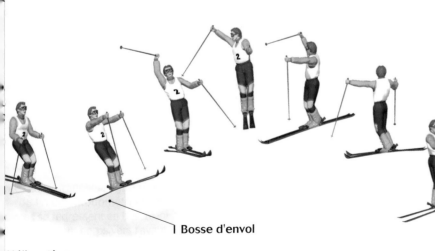

Bosse d'envol

Hélicoptère
Tout en restant droit, le skieur commence à tourner sur lui-même grâce à un mouvement du bassin. S'il écarte les bras, il ralentit sa vitesse de rotation, et s'il les rapproche de son corps, il l'accélère.

Saut à ski

Après une descente vertigineuse sur un tremplin, les sauteurs s'élancent dans les airs skis aux pieds et atterrissent plus de 100 mètres plus loin ! Ils doivent effectuer le saut le plus long possible, en conservant pendant tout leur vol un style et une position irréprochables. L'expérience, une très grande capacité de concentration et une bonne dose de courage sont des compléments essentiels pour faire des champions. Mais s'agit-il vraiment de skieurs, ou plutôt d'oiseaux ?
La différence principale est peut-être dans la durée d'un saut à ski : à peine huit secondes !

Déroulement des compétitions

Il existe trois concours de saut à ski : la compétition individuelle sur grand tremplin (120 m), la compétition sur tremplin normal (90 m) et la compétition par équipes sur grand tremplin (120 m). À chaque longueur de tremplin correspond une longueur idéale de saut, représentée sur la piste par une ligne rouge, le «point K». Un sauteur atterrissant sur la ligne du point K remporte 60 points. Cinq juges de style attribuent ensuite un maximum de 20 points supplémentaires au concurrent, en tenant compte notamment de sa position en vol et de sa réception sur la piste. Lors des concours individuels, le concurrent ayant obtenu le total de points le plus élevé après deux sauts remporte l'épreuve.

Technique

1. L'élan
Le sauteur se met en position de recherche de vitesse. Il atteint le tremplin à plus de 80 km/h.

2. L'envol
Si le sauteur prend un bon envol, son saut sera plus long. Pour obtenir le meilleur résultat, il doit donner son impulsion au moment exact où il quitte le tremplin.

3. Le vol
Le sauteur est penché vers l'avant. Il tient ses skis en V pour augmenter la portance et prolonger son vol.

4. L'atterrissage
Le sauteur atterrit en avançant une jambe vers l'avant pour mieux amortir sa réception sur la piste. Le choc qu'il ressent à ce moment équivaut à trois fois son poids.

Ski de fond

Chaussés de skis étroits et munis de longs bâtons qui les aident à se propulser, les skieurs de fond parcourent de grandes distances à des rythmes très rapides et dans le temps le plus court possible ! Il existe deux façons de skier en compétition : le style classique, qui autorise principalement la poussée sur les bâtons et les pas effectués en maintenant les skis parallèles, et le style libre, qui autorise tous les mouvements, tel le pas de patineur. Sur des distances différentes, il existe cinq types de compétitions : les classiques, les libres, les poursuites, les relais et les sprints. Les sprints sont les épreuves les plus courtes (1500 mètres), tandis que certaines courses, très populaires dans les pays scandinaves, rassemblent plus de 13 000 concurrents sur des distances de plus de 85 km.

Déroulement des compétitions

Quel que soit le parcours, il doit comprendre des montées, des descentes et des surfaces planes. Dans la plupart des épreuves, l'ordre des départs est tiré au sort. Les concurrents partent à 30 secondes d'intervalle et sont chronométrés. Les classiques se courent sur 5 à 30 km, tandis que les épreuves libres se courent sur 30 km pour les femmes et 50 km pour les hommes. Lors des relais (par équipes de quatre skieurs) ou des sprints, les concurrents cherchent à franchir la ligne d'arrivée les premiers.

Équipement

Skis de style libre
Les skis de style libre ont des spatules plus larges et moins relevées que les skis classiques, pour faciliter le pas de patineur.

Skis classiques
Les skis classiques sont rigides et généralement plus longs que les skis de style libre, pour mieux répartir le poids du skieur sur la neige.

Technique

Pas de patineur
Le skieur avance à la manière d'un patineur. Il projette une jambe en avant en poussant sur l'autre, placée de travers pour obtenir un meilleur appui.

Surf des neiges

Très rapide, et autorisant toutes les acrobaties, le surf des neiges est un sport spectaculaire qui donne lieu à des compétitions de haut niveau. La position des « snowboarders » sur leur planche est très proche de celle des surfeurs, et les figures réalisées dans les épreuves acrobatiques rappellent celles du surf océanique. Mais d'autres disciplines de surf des neiges, comme le slalom géant, se rapprochent du ski alpin. Souvent synonyme de liberté totale, le surf des neiges, pratiqué par les hommes comme par les femmes, nécessite une très bonne condition physique, de l'audace et un parfait sens de l'équilibre.

Déroulement des compétitions

En surf des neiges acrobatique, les athlètes effectuent des figures aériennes sur une piste spécialement aménagée en demi-lune. Le surf des neiges alpin propose des épreuves de slalom, de slalom géant et de slalom parallèle ou duel. Elles se courent contre la montre à traver une série de portes.

Équipement

Spatule

Talon

Planche pour surf acrobatique
La spatule et le talon de la planche acrobatique sont identiques pour permettre les décollages et les atterrissages dans les deux sens. On l'utilise dans les compétitions de demi-lune, avec des bottes souples.

Planche pour surf alpin
La planche de surf alpin est conçue pour atteindre de grandes vitesses : elle est étroite et rigide, avec une spatule peu relevée. On l'utilise avec des fixations à plaques et des bottes rigides.

Botte souple
La botte souple est flexible et confortable. Les chevilles du surfeur peuvent bouger et il contrôle parfaitement la façon dont ses mouvements se transmettent à la planche pour réaliser des figures acrobatiques.

Botte rigide
La botte rigide permet plus de précision ; elle bloque les chevilles et transmet immédiatement les mouvements du surfeur à la planche afin qu'il puisse changer de direction très rapidement.

Surf des neiges

Compétition de demi-lune

L'épreuve de demi-lune se déroule en musique. Le surfeur doit réaliser des sauts, des rotations et des mouvements aériens en passant d'un bord à l'autre de la piste en demi-lune. Six juges lui attribuent une note sur 10 points en tenant compte notamment de la hauteur de ses sauts et de leur difficulté.

Piste de demi-lune

La piste ressemble à un tuyau que l'on aurait coupé en deux dans le sens de la longueur. Ce sont ses bords relevés, hauts de 3 à 4 m, qui permettent aux surfeurs de réaliser leurs figures.

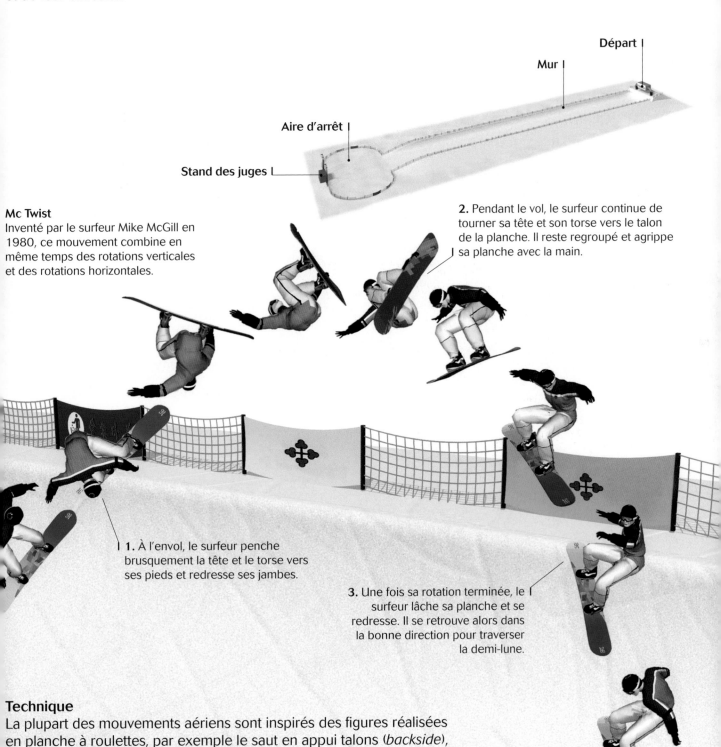

Départ |

Mur |

Aire d'arrêt |

Stand des juges |

Mc Twist

Inventé par le surfeur Mike McGill en 1980, ce mouvement combine en même temps des rotations verticales et des rotations horizontales.

2. Pendant le vol, le surfeur continue de tourner sa tête et son torse vers le talon de la planche. Il reste regroupé et agrippe sa planche avec la main.

1. À l'envol, le surfeur penche brusquement la tête et le torse vers ses pieds et redresse ses jambes.

3. Une fois sa rotation terminée, le surfeur lâche sa planche et se redresse. Il se retrouve alors dans la bonne direction pour traverser la demi-lune.

Technique

La plupart des mouvements aériens sont inspirés des figures réalisées en planche à roulettes, par exemple le saut en appui talons (*backside*), la vrille (*cork screw*) ou encore le Mc Twist.

Surf des neiges

Compétition de slalom géant

Le slalom géant est une course chronométrée en deux manches.
Lors de chaque manche, le surfeur doit effectuer une descente
en respectant un parcours signalé par des fanions triangulaires.
Le surfeur n'est pas éliminé s'il chute, mais seulement s'il rate l'une
des portes du parcours. Celui-ci est tracé de façon symétrique pour
que les concurrents qui surfent pied droit en avant et ceux qui
surfent pied gauche en avant partent à égalité.

Technique

Selon la direction que l'on veut prendre,
les virages se pratiquent de deux façons :
en appui sur les talons ou en appui sur
les orteils.

Virage en appui talons
Tout en gardant le dos droit par rapport au
sol, la surfeuse se penche très bas vers
l'arrière et écarte les bras pour obtenir un
meilleur équilibre.

Virage en appui orteils
À grande vitesse, la surfeuse penche le torse vers le sol
et fléchit les genoux. Dans une descente de compétition,
ses yeux fixent déjà la prochaine porte.

Sports de balle

Baseball

Le baseball est un sport de balle qui se joue entre deux équipes de neuf joueurs chacune. Ce sport est si populaire aux États-Unis qu'on l'appelle souvent le passe-temps national des Américains. Le baseball requiert de bons réflexes et une bonne coordination. La balle se déplace très rapidement. Lancée à une vitesse pouvant aller jusqu'à 160 km à l'heure, une balle a souvent un parcours imprévisible après avoir été frappée. Au cours d'un match, les joueurs d'une équipe tentent à tour de rôle de frapper la balle avec un bâton. Le lanceur de l'équipe adverse essaie de faire en sorte que le frappeur rate la balle. Le frappeur qui réussit à frapper la balle court jusqu'aux buts sur le terrain tout en évitant d'être touché par les joueurs de l'autre équipe. Un joueur qui réussit à toucher tous les buts compte un point pour son équipe. L'équipe qui a le plus de points à la fin des neuf manches gagne le match.

Ligne de jeu
Les balles qui dépassent cette ligne sont hors jeu.
Deux lignes de jeu délimitent l'aire de jeu.

Troisième but

Deuxième but

Monticule du lanceur
C'est l'endroit où le lanceur se tient pour lancer la balle. Le monticule doit être relevé de 25,4 cm par rapport au marbre.

Arbitre de but
Il y a un arbitre à chacun des buts. Il doit décider si un attaquant est retiré ou demeure en jeu quand il atteint le but.

Instructeurs de premier et troisième but
Ils signalent aux coureurs la stratégie employée.

Arrêt-balle
L'arrêt-balle empêche la balle d'être envoyée dans les gradins.

Arbitre du marbre
Cet arbitre juge chaque lancer et signale les balles et les prises. Il détermine aussi si un coureur est retiré.

Marbre
C'est l'endroit où le frappeur se tient pour faire face au lanceur. C'est également le dernier but dans un circuit.

Sentier de course
Zone dans laquelle un coureur doit effectuer sa course jusqu'au but.

Premier but

Champ intérieur
Le champ intérieur est la surface de terrain carrée délimitée par les trois buts et le marbre.

Baseball

Équipement

Balle
Elle a une circonférence d'environ 23 cm et pèse autour de 142 g. Elle est formée d'un fil de coton ou de laine enroulé autour d'un noyau de caoutchouc ou de liège. Elle est ensuite recouverte de deux bandes de cuir cousues ensemble.

Gant
Le gant est en cuir, rembourré à l'intérieur. La dimension et la forme du gant varient en fonction de la position du joueur sur le terrain.

Bâton
Le bâton est lisse et arrondi. Il peut être en bois ou en aluminium. Sa longueur maximale est 1,07 m et sa partie la plus large mesure 7 cm.

Déroulement d'un match

Les manches sont divisées en deux. Chaque équipe est à l'offensive (frappeurs et coureurs) pendant la moitié d'une manche, puis à la défensive (lanceur, défenseurs et receveur) pendant l'autre moitié. En phase offensive, les frappeurs essaient de frapper la balle et d'obtenir un coup sûr ou un coup de circuit. Ils peuvent également tenter d'avoir un but gratuit. Les coureurs de leur équipe essaient de franchir tous les buts sans se faire toucher par l'adversaire. En phase défensive, les lanceurs essaient de faire retirer les frappeurs et, avec leurs coéquipiers sur le terrain, de toucher les coureurs de l'équipe adverse.

Terrain

Il est en herbe ou couvert d'un revêtement artificiel, et certaines zones sont couvertes de sable. Il se divise en deux sections principales : le champ intérieur et le champ extérieur.

Balle
Si un frappeur laisse passer un mauvais lancer, une balle est comptée au détriment du lanceur.

But gratuit
Après quatre balles, le frappeur est autorisé à se rendre directement au premier but.

Prise
Si un frappeur laisse passer un bon lancer, ou s'il s'élance et manque la balle, une prise est comptée contre lui.

Retrait
Après trois prises, le frappeur est retiré et doit quitter le terrain. Un joueur peut aussi être retiré s'il est touché par un joueur défensif en possession de la balle avant qu'il n'atteigne le but, ou encore s'il frappe une balle qui est attrapée par un défenseur avant qu'elle n'ait touché le sol.

Coup sûr
Un frappeur qui réussit à frapper la balle et à se rendre à un but sans se faire toucher par l'adversaire est crédité d'un coup sûr.

Coup de circuit
Quand un frappeur frappe la balle et que celle-ci dépasse le périmètre du champ de jeu, ou s'il frappe la balle sans qu'un joueur de l'équipe adverse ne puisse aller la chercher, il est crédité d'un circuit.

Coup de circuit avec buts remplis (grand chelem)
Coup de circuit qui se produit alors qu'il y a déjà trois coureurs sur les buts. Tous les coureurs atteignent le marbre, marquant quatre points.

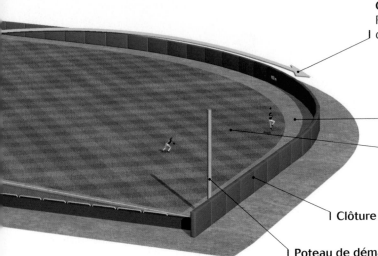

Coup de circuit
Pour qu'il y ait un coup de circuit, la balle doit franchir la clôture.

Piste d'avertissement
Elle indique aux défenseurs qui essaient d'attraper la balle la proximité de la clôture. Ceci les empêche de heurter accidentellement la clôture.

Champ extérieur
C'est la surface de jeu située au-delà du champ intérieur. Elle est délimitée par les lignes de jeu de chaque côté et par la clôture à son extrémité.

Clôture

Poteau de démarcation (2)
Indique l'extrémité des lignes de jeu.

Baseball

Frappeur

Chaque fois que la balle est lancée, le frappeur doit décider s'il va tenter de la frapper ou non. Pour qu'un lancer soit jugé bon, la balle doit être lancée dans la zone de prise au-dessus du marbre. Si la balle n'est pas dans la zone de prise et que le frappeur laisse passer la balle, une balle est comptée au détriment du lanceur. Après quatre «balles», le frappeur se rend directement au premier but. C'est ce qui s'appelle un « but gratuit ». Une prise est comptée contre le frappeur s'il laisse passer un bon lancer ou s'il s'élance et manque la balle, ou encore s'il envoie la balle en territoire hors-ligne. Lorsque trois prises sont comptées contre le frappeur, il est retiré et doit quitter le terrain.

Zone de prise
Espace au-dessus du marbre, compris entre les genoux et la poitrine du frappeur.

Technique du frappeur
Le joueur tient le bâton par la poignée, les mains collées l'une à l'autre. Il tient le bâton fermement, sans trop serrer.

1. Recul
Le frappeur prend une position confortable en écartant ses pieds à la largeur des épaules. Il amène son bâton vers l'arrière, sur l'épaule, et attend le lancer.

2. Élan
Le frappeur transfère son poids vers l'avant et avance d'un pas vers le lanceur en frappant. Le mouvement vers l'avant ajoute à la puissance de la frappe.

3. Accompagnement
S'il frappe la balle, le frappeur continue le mouvement des bras, des épaules et du tronc déjà amorcé, et s'apprête à courir vers le premier but.

Lanceur

Technique du lanceur
Le lanceur prend position sur le monticule, puis lance la balle en direction du marbre.

1. Pas berceau
Le lanceur recule d'un pas en tenant la balle contre sa poitrine.

2. Pivot
En se tournant de côté, le lanceur lève le bras et se tient en équilibre sur une jambe.

3. Enjambée
Le lanceur avance d'un pas vers le frappeur au moment de lancer la balle. Le transfert de poids vers l'avant donne de la puissance au lancer.

4. Lancer
Le lanceur envoie la balle en direction du frappeur et continue à suivre le mouvement de son bras tout en effectuant un autre pas vers l'avant.

Joueurs en défense

En phase défensive, les joueurs essaient d'empêcher l'équipe adverse de courir d'un but à l'autre. Pour ce faire, ils doivent attraper la balle et la lancer au joueur qui garde le but vers lequel se dirige l'attaquant.

Joueur de troisième but
Ce joueur doit avoir un lancer puissant pour pouvoir effectuer des relais directs vers le premier but au besoin.

Receveur
Le receveur indique au lanceur quel type de lancer il doit utiliser pour déjouer le frappeur et lui faire manquer la balle. Il a recours à des signaux secrets que seule son équipe comprend.

Lanceur
Ce joueur lance la balle en tentant de déjouer le frappeur. Il va aussi chercher la balle renvoyée par ses partenaires et essaie de toucher les attaquants.

Joueur de premier but
Ce joueur participe à la plupart des jeux défensifs. Il doit empêcher les frappeurs d'atteindre le premier but.

Voltigeur gauche
Il couvre la partie de terrain située derrière le troisième but.

Arrêt-court
Il couvre une large portion du champ intérieur et effectue ses relais vers le premier ou le deuxième but.

Voltigeur centre
C'est le joueur qui couvre la plus grande portion du champ extérieur. Il surveille les signaux du receveur et doit anticiper la frappe.

Joueur de deuxième but
Il couvre la partie de terrain située entre le premier et le deuxième but.

Voltigeur droit
Situé derrière le premier but, il doit être capable d'effectuer des relais au troisième but lorsque c'est nécessaire.

Lancers

Types de lancers
Les lanceurs ont recours à divers lancers pour essayer de déjouer les frappeurs et les retirer. Un lanceur peut faire varier la trajectoire de la balle selon la position de ses doigts.

Balle courbe
En plaçant ses doigts sur les coutures, le lanceur peut donner un effet latéral et une trajectoire tombante à la balle.

Balle dérivante
La balle dérivante est semblable à la balle courbe, mais est plus rapide. Deux doigts s'appuient sur la couture pour donner un effet de rotation de la balle. Juste avant de lâcher la balle, le lanceur tourne son poignet d'un mouvement sec tout en poussant vers le bas avec les doigts du dessus. Cela fait tournoyer la balle, qui redescend ensuite soudainement en décrivant une courbe vers la droite.

Balle papillon
La position des doigts prévient la rotation de la balle. Il est plus difficile pour le frappeur de prédire la trajectoire de la balle.

Balle rapide
En plaçant deux doigts au sommet de la balle, le lanceur lui donne une trajectoire rectiligne et une grande vélocité. C'est un lancer de puissance.

Changement de vitesse
Elle est lancée avec le même mouvement du bras qu'une balle rapide, sauf que la balle est prise à pleine main, ce qui lui donne moins de vitesse.

Softball

Le softball se joue avec un bâton et une balle sur un terrain en forme de quart de cercle et comportant quatre buts. Le but du jeu est de marquer des points en frappant la balle et en touchant successivement les buts. Bien qu'il ressemble au baseball sous certains aspects, le softball a seulement sept manches au lieu de neuf, et la balle est lancée par en dessous et non par-dessus. Il y a deux formes courantes de ce jeu : balle rapide et balle lente, chacune avec ses propres règles. Le softball féminin (balle rapide) fait partie du programme olympique. Le softball demande de la coordination, de bons réflexes et une excellente maîtrise du lancer et de la réception.

Déroulement d'un match

Deux équipes de neuf joueurs s'affrontent, passant alternativement d'une phase d'attaque (frappeurs et coureurs) à une phase de défense (lanceur, joueurs en défense et receveur). Les positions sont les mêmes qu'au baseball. Le lanceur essaie de lancer la balle de façon à déjouer le frappeur et lui faire manquer la balle, ce qui équivaut à une prise. Si le frappeur laisse passer un mauvais lancer, une balle est comptée contre le lanceur. Le frappeur qui réussit à frapper la balle peut courir vers le premier but. Pour inscrire un point, un joueur de l'équipe en attaque doit toucher les trois buts successivement et dans l'ordre, puis revenir au marbre. L'équipe qui a le plus de points à la fin des sept manches remporte le match.

Terrain

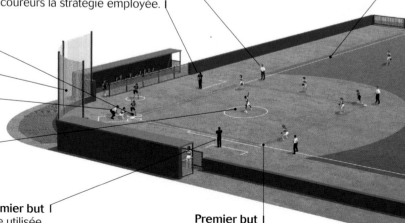

Arbitre de but (3)
En position à chaque but, les arbitres de buts signalent si les attaquants sont retirés ou demeurent en jeu.

Ligne de jeu
Les deux lignes qui se rejoignent au marbre délimitent l'espace de jeu.

Instructeur de troisième but
Il signale aux coureurs la stratégie employée.

Boîte du frappeur

Arrêt-balle

Arbitre du marbre
Il juge si un lancer est une balle ou une prise et signale les frappeurs retirés.

Cercle du lanceur
Lorsque la balle, mise en jeu, revient dans le cercle du lanceur, les attaquants ne peuvent plus avancer.

Instructeur de premier but
Il indique au frappeur la stratégie utilisée.

Premier but

Technique de lancer

Il existe deux types de lancers, selon la forme de softball qui est jouée (balle rapide ou balle lente).

Balle rapide

Les deux pieds en contact avec la plaque du lanceur, la lanceuse attend le signal du receveur, qui lui indique quel type de lancer utiliser. Son bras effectue un moulinet avant de lancer la balle par en dessous, la relâchant à hauteur de la hanche. La balle doit être lancée directement vers la zone de prise du frappeur, traversant le marbre dans la zone comprise entre la hauteur du genou avant du frappeur et celle de son épaule arrière.

Balle lente

La lanceuse peut avoir un pied ou les deux sur la plaque du lanceur. Elle lance la balle par en dessous dans un mouvement continu. La balle décrit un arc dans les airs avec une vitesse modérée. La trajectoire doit avoir une hauteur maximale de 3,65 m et minimale de 1,83 m, et redescendre devant le frappeur.

Piste d'avertissement
La piste d'avertissement indique aux joueurs en défense qui essaient d'attraper la balle qu'ils sont près de la clôture.

Champ extérieur

Équipement

Gant
Le gant sert à attraper la balle. Il est fait en cuir et est rembourré pour protéger la main.

Balle
Elle est plus grosse qu'une balle de baseball et a une circonférence de 30,5 cm. Elle est faite de fil de nylon entourant un noyau de caoutchouc et de liège. Elle est recouverte de deux bandes de cuir cousues ensemble.

Bâton
Le bâton, souvent fait d'aluminium, ne doit pas mesurer plus de 86,4 cm de long.

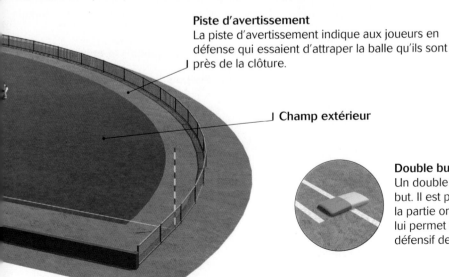

Double but
Un double coussin marque l'emplacement du premier but. Il est plus facile pour le frappeur de venir toucher la partie orange avec son pied, car ce but plus large lui permet d'éviter d'entrer en contact avec le joueur défensif de premier but.

Crosse

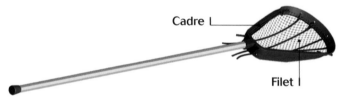

La crosse est un sport de balle rapide qui se joue avec une balle et un bâton à long manche appelé crosse. Deux équipes tentent de déplacer la balle sur le terrain et de compter des points en l'envoyant dans le but de l'équipe adverse à l'aide de leur crosse ou en la frappant du pied. L'équipe qui compte le plus de buts remporte la partie. Les crosses sont munies de filets à leur extrémité pour attraper, transporter et passer la balle. Il y a plusieurs formes de ce sport, qui est pratiqué aussi bien par les hommes que par les femmes. Les équipes masculines comptent 10 joueurs, et les équipes féminines 12. La crosse est un sport qui requiert de la coordination et de l'agilité. Les joueurs doivent être capables, tout en courant, d'attraper et de renvoyer la balle avec précision. Il leur faut aussi beaucoup d'endurance pour demeurer dans la partie, qui leur demande d'être constamment en mouvement sur une grande surface de jeu.

Équipement

Cadre

Filet

Crosse
La crosse peut être en bois, en aluminium ou en plastique. Le filet est en cuir, en lin ou en nylon. Les attaquants ont une crosse plus courte que les défenseurs. La crosse du gardien a un cadre beaucoup plus large.

Balle
Elle est jaune, blanche, noire ou orange, et est faite de caoutchouc dur. Elle a une circonférence d'environ 20 cm et pèse autour de 142 g.

Casque
Le casque est muni d'un masque et d'une mentonnière. Les joueurs des équipes masculines portent tous un casque. Dans les équipes féminines, seules les gardiennes de buts en portent. Les autres joueuses n'en portent pas, car il y a moins de risques de blessures dans la crosse féminine, où les contacts physiques sont interdits.

Terrain

La crosse internationale se joue à l'extérieur sur un terrain en gazon ou en gazon synthétique. L'aire de jeu mesure environ 55 m sur 101 m pour la crosse masculine et 64 m sur 110 m pour la crosse féminine.

Bancs des joueurs et entraîneurs

Zone des buts

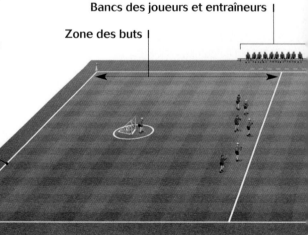

Ligne de fond
Si la balle traverse cette ligne, elle est déclarée hors terrain. La remise en jeu est confiée à l'équipe du joueur qui en était le plus près au moment où elle est sortie du terrain.

Crosse

Déroulement d'un match

Une partie de crosse internationale est divisée en quarts de 25 minutes avec une mi-temps de 10 minutes. Avant chaque quart et après un but, l'arbitre appelle deux joueurs adverses au centre du terrain pour la mise en jeu. Les règles varient en fonction de la forme de crosse jouée. Les mains des joueurs doivent toujours se trouver sur leur crosse. Un joueur qui contrevient à une règle se voit infliger une pénalisation consistant en une suspension de la partie de 30 secondes à 3 minutes. Les contacts physiques, comme les mises en échec avec le corps, sont réglementés afin de prévenir les blessures et ne sont permis que dans la crosse masculine en extérieur. Dans la crosse féminine, les joueuses ne peuvent pas pousser la balle du pied. Dans la crosse en enclos, qui se joue sur des patinoires de hockey couvertes en dehors de la saison des matchs, il n'y a pas de temps d'arrêt pendant la partie. Cela signifie que les joueurs peuvent passer toute la partie à courir d'un bout du terrain à l'autre sans se reposer !

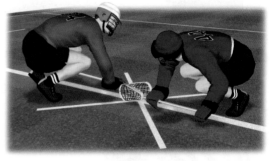

Mise en jeu
Deux joueurs tiennent leur crosse sur le sol. L'arbitre place la balle entre les crosses. Au coup de sifflet de l'arbitre, les deux joueurs tentent de s'emparer de la balle.

Lancer simple

Ramassage à la pelle

Officiels
Deux chronométreurs de pénalisations, un officiel chargé du banc des joueurs, un chronométreur et deux marqueurs.

Ligne de touche et ligne de fond
Si un joueur en possession de la balle empiète ou dépasse une ligne de touche ou une ligne de fond, la balle est hors terrain. Elle est remise en jeu au moyen d'un jet franc par le joueur de l'équipe adverse qui se trouvait le plus près de la balle lorsqu'elle est sortie du terrain.

Bancs de pénalisation

Arbitre

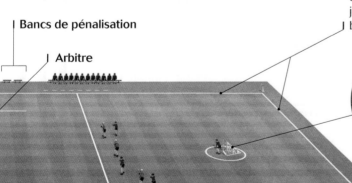

But
Un attaquant ne peut jamais se trouver dans le territoire du gardien de but. Un défenseur en possession de la balle a quatre secondes pour s'en débarrasser ou pour quitter le cercle.

Cône (7)
Ils sont en plastique et délimitent les lignes de fond, la ligne centrale et l'aire de substitution des joueurs.

Hockey sur gazon

Dans le hockey sur gazon, deux équipes masculines ou féminines s'affrontent et dirigent la balle à l'aide de crosses dans les filets de l'adversaire. L'aire de jeu ressemble à un terrain de football avec des buts à chaque extrémité. L'équipe qui marque le plus de buts remporte la partie. Comme les joueurs ne peuvent pas se servir de leur corps pour bloquer leurs adversaires, ces derniers peuvent plus facilement s'emparer de la balle. Cette règle contribue également à l'action : les échanges de balle sont nombreux et les joueurs courent beaucoup dans le hockey sur gazon. Pour être un bon joueur, il faut pouvoir courir vite, changer rapidement de direction et bien maîtriser les techniques de maniement de la crosse.

Équipement

Balle
Elle est habituellement en plastique résistant. Elle a un diamètre de près de 7,5 cm et pèse moins de 170 g.

Crosse
Généralement en bois, la crosse a un long manche et une extrémité recourbée. Sa longueur varie selon la taille du joueur. Elle a un côté plat et un côté arrondi. Les joueurs doivent frapper la balle en servant du côté plat.

Table de marque
Trois officiels y prennent place. Ils sont chargés de vérifier l'équipement des joueurs et leur conduite sur le banc. Ils remplissent aussi la feuille de match.

Ligne de touche
Lorsque la balle franchit cette ligne, elle est hors jeu. Elle est remise au jeu au même endroit par un joueur de l'équipe adverse.

Le terrain
Il est rectangulaire et mesure 55 m sur 91 m.

Ligne des 22 mètres

Ligne de but

But

Cercle d'envoi
Un but n'est accordé que si un attaquant qui se trouve dans le cercle d'envoi de l'adversaire touche la balle avant qu'elle n'entre dans le but.

Ligne de touche

Hockey sur gazon

Déroulement d'un match

Deux équipes s'affrontent en deux périodes de 35 minutes chacune, séparées par une mi-temps de 5 à 10 minutes. Selon la tactique de jeu élaborée par les équipes, celles-ci se déploient sur le terrain pour occuper les positions suivantes : avants, inters, ailiers, demis, arrières et gardien. Tout joueur (à l'exception des gardiens) qui lève sa crosse trop haut ou arrête la balle avec son corps commet une faute. Une faute entraîne un coup de pénalité ou un coup franc accordé à l'équipe adverse. Cette dernière peut alors tenter d'envoyer la balle directement dans le but ou la remettre en jeu dans une position qui lui donne l'avantage.

Technique

Balle poussée (*Push*)
Elle est utilisée lorsque la balle doit couvrir une courte distance ou quand le joueur veut s'en débarrasser rapidement. Une main, placée bas sur la crosse, pousse celle-ci, tandis que l'autre ramène la poignée vers le corps.

Frappe directe (*Hit*)
Cette frappe puissante est utilisée pour une passe longue ou un tir au but. Le joueur prend son élan en relevant la crosse vers l'arrière, puis frappe la balle sèchement en accompagnant le mouvement avec son corps pour plus de puissance.

Point de pénalité
C'est l'endroit où la balle doit être placée pour un coup de pénalité. Il est situé à 6,40 m de la ligne de but.

Arbitre (2)
Ils surveillent chacun une moitié de terrain et la ligne de touche près de laquelle ils sont placés.

Cuillère (*Flick*)
Cette technique est utilisée pour un tir au but ou dans le cas d'un coup de pénalité. Le mouvement est similaire à la poussée, mais le joueur se relève pour mieux envoyer la balle vers le haut et vers l'avant.

Poteau de corner (4)

Ligne des 5 mètres

Ligne des 22 mètres
Si une sortie de touche a lieu entre les deux lignes des 22 m, les partenaires du joueur effectuant la remise peuvent se trouver à 1 m de lui jusqu'à ce que la balle soit jouée. Si la remise a lieu entre la ligne des 22 m et la ligne de but, partenaires et adversaires doivent se trouver à au moins 4,55 m de la balle.

Ligne de centre
C'est au milieu de cette ligne qu'ont lieu les remises en jeu, au début de chaque mi-temps et après chaque but.

Soccer

Contrairement à d'autres sports de ballon, le soccer est un sport où les joueurs se servent de leurs pieds, et non de leurs mains, pour contrôler le ballon. Joué tant par les hommes que par les femmes dans plus de 200 pays, le soccer est le sport le plus populaire au monde. Cela s'explique par le peu d'équipements qu'il requiert et par la simplicité de ses règles. L'objectif est d'envoyer le ballon dans le but adverse en le propulsant avec les pieds ou toute autre partie du corps, à l'exception des bras et des mains. Deux équipes de 11 joueurs s'affrontent dans un match. Comme le terrain est vaste et que le ballon est constamment en mouvement, les joueurs courent sans arrêt et doivent être capables de contrôler le ballon avec leurs pieds tout en se déplaçant rapidement. L'endurance et une bonne coordination sont donc essentielles aux joueurs de haut niveau.

Le ballon
Fait de cuir recouvrant une chambre à air gonflée, il a une circonférence d'environ 71 cm et pèse approximativement 450 g.

Le terrain

Il est rectangulaire : sa largeur doit se situer entre 46 m et 91 m, et sa longueur entre 91 m et 119 m.

Point de réparation
Il marque la position où le ballon doit être placé lors d'un tir de réparation (penalty).

Ligne de but
Si l'équipe défensive projette le ballon hors limites, derrière sa propre ligne de but, un coup de pied de coin est accordé à l'équipe adverse. Celle-ci doit alors tenter d'envoyer le ballon devant le but ou à un coéquipier à partir d'un coin du terrain. Si l'équipe à l'attaque envoie le ballon hors limites, l'équipe à la défense a droit à un coup de pied de but, c'est-à-dire à un coup de pied donné par un défenseur pour dégager le ballon de sa surface de but.

Surface de but
Les joueurs de l'équipe offensive ne sont pas autorisés à charger le gardien de but dans cette zone.

Arbitre assistant

Drapeau de coin (4)
Un poteau surmonté d'un drapeau sert de repère visuel et est placé à chaque coin du terrain pour indiquer le point de corner.

But
Un but est inscrit lorsque le ballon franchit entièrement la ligne de but entre les deux poteaux.

Soccer

Déroulement d'un match

Les matchs sont divisés en deux périodes de 45 minutes entrecoupées d'une mi-temps de 15 minutes. L'équipe qui commence est déterminée par tirage au sort avant le début de la partie. Le coup d'envoi a lieu au centre du terrain. Une fois que le ballon est en jeu, les deux équipes tentent d'en prendre possession et de l'envoyer dans le but de l'équipe adverse. Les joueurs bougent constamment et le ballon demeure en jeu tant qu'il reste à l'intérieur des lignes de touche et de but. Il y a beaucoup de contacts entre les joueurs, mais ceux-ci sont soigneusement réglementés par les arbitres afin de prévenir les blessures. Il y a faute lorsqu'un joueur pousse ou fait trébucher un adversaire en possession du ballon, ou s'il touche le ballon avec ses mains. Si la faute est commise dans la zone de réparation, l'équipe adverse a droit à un tir de réparation à une distance de 3,66 m du but. Seul le gardien peut alors protéger le but. Un joueur est en position de hors-jeu lorsque le ballon lui est adressé alors que moins de deux défenseurs se trouvent entre lui et la ligne de but adverse. Un hors-jeu entraîne un coup franc pour l'équipe adverse.

Coupes et championnats

Le soccer étant joué pratiquement partout, les meilleures équipes provenant de villes et de pays du monde entier participent à divers championnats. En plus des Jeux olympiques, la Coupe du monde de soccer se dispute tous les quatre ans ; plus de 200 pays s'affrontent pour faire partie des 32 finalistes de cette prestigieuse compétition sportive. Les compétitions de la Coupe du monde féminine de soccer ont lieu depuis 1991. La diffusion de la Coupe du monde de soccer attire plus d'un milliard de téléspectateurs !

Arbitre

Avertissement
L'arbitre peut brandir un carton jaune en guise d'avertissement si un joueur enfreint les règlements.

Expulsion
L'arbitre peut brandir un carton rouge pour indiquer qu'un joueur est expulsé. Une expulsion peut survenir à la suite d'une faute sérieuse, d'une conduite violente, d'un langage abusif ou après plus de deux avertissements.

Arbitre
Le contrôle du match et le chronomètre sont confiés à l'arbitre, qui prend toutes les décisions finales.

Rond central
Lors du coup d'envoi, les deux équipes doivent se trouver dans leur moitié de terrain respective. L'équipe qui engage a le droit de placer autant de joueurs qu'elle le veut à l'intérieur du rond, mais l'équipe adverse ne peut y pénétrer tant que le ballon n'est pas en jeu.

Surface de réparation
Zone à l'intérieur de laquelle le gardien peut saisir le ballon à la main.

Rentrée de touche

Ligne de touche (2)
Tout ballon franchissant cette ligne est en touche. Il est remis en jeu à la main par un joueur de l'équipe adverse.

Ligne médiane
Délimite le camp respectif des deux équipes.

Arbitre assistant (3)
Ils doivent signaler les sorties en touche et les fautes que l'arbitre n'a pas vues.

Soccer

Formations de base

L'équipe se déploie sur le terrain selon le schéma tactique adopté avant le match. Les différentes formations sont toujours des variantes des formations de base.

Attaquants

Ils doivent tirer profit des ballons qui leur parviennent et essayer d'éviter les défenseurs adverses afin de compter des buts.

Arrières latéraux

Ils doivent gêner la progression d'un attaquant adverse se trouvant dans leur zone ou le ralentir pour que leurs partenaires puissent s'organiser en défense. En phase d'attaque, leur vitesse leur permet de relancer rapidement le jeu sur leur côté du terrain.

Milieux droit et gauche

Ils alternent jeux défensifs et offensifs. En défense, ils doivent reprendre le ballon à l'adversaire avant que celui-ci ne puisse organiser une attaque. En attaque, ils relaient le ballon à leurs coéquipiers et viennent les soutenir.

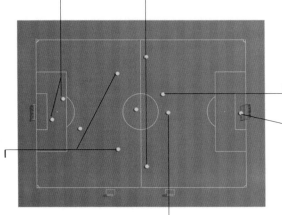

Stoppeur

Son rôle est d'empêcher un attaquant adverse de se retrouver en position de tirer au but.

Gardien

Dernier défenseur de son équipe, il doit arrêter les tirs des attaquants adverses. C'est le seul joueur à pouvoir toucher le ballon de ses mains quand celui-ci est en jeu.

Libero

Placé derrière ses partenaires, il commande la défense et comble les lacunes des défenseurs. Il peut aussi organiser la relance du jeu offensif de son équipe.

Technique

Dribble

Le dribble est une feinte de pieds rapide servant à déjouer un adversaire pour conserver le contrôle sur le ballon.

Frappe de la tête

Les joueurs peuvent frapper le ballon de la tête pour le diriger vers le but ou un partenaire, ou pour le dégager de la zone de but.

Technique

Tacle défensif

Le tacle est un geste défensif au cours duquel un joueur essaie d'enlever le ballon à l'attaquant par une glissade, sans toucher l'adversaire.

Technique pour le gardien de but

Relance à la main

Après un arrêt, le gardien relance souvent le jeu à la main en remettant le ballon à un défenseur. La relance à la main est plus précise que le dégagement au pied et permet à l'équipe de conserver le ballon.

Relance au pied

Pour remettre le ballon à ses attaquants profondément dans la zone adverse, le gardien dégage le ballon au pied. Ses partenaires doivent se déplacer vers le point de chute du ballon pour essayer d'en reprendre possession.

Le 1-2

Le 1-2 est une succession de passes rapides entre deux joueurs dans le but d'empêcher l'adversaire de prendre le ballon.

Défensive individuelle (1 contre 1)

Lors d'une défensive individuelle, chaque joueur de l'équipe en défense « marque » un joueur de l'équipe en attaque et le suit dans tous ses déplacements pour l'empêcher de recevoir le ballon et de tirer ou de passer.

Plongeon latéral

Il permet au gardien d'arrêter ou de dévier un tir, alors qu'il ne se trouve pas exactement sur la trajectoire du ballon.

Handball

Le handball est un sport rapide qui exige technique et endurance. Les matchs se déroulent sur des terrains intérieurs pourvus de buts à chaque extrémité. Deux équipes de sept joueurs tentent de marquer des points en envoyant le ballon dans le filet de l'adversaire. Les joueurs peuvent lancer, pousser, frapper du poing, arrêter ou saisir le ballon à l'aide de n'importe quelle partie de leur corps sauf les pieds. Une bonne coordination et beaucoup de dynamisme sont essentiels dans ce sport où les athlètes doivent lancer, passer et attraper le ballon avec précision tout en courant constamment. Le handball est un sport olympique pratiqué par les hommes et les femmes dans de nombreux pays.

Équipement

Ballon

Contrairement à un ballon de basket-ball, le ballon de handball est assez petit pour que pratiquement quiconque puisse le tenir d'une seule main. Sa grosseur favorise également les tirs puissants à une main. Il a une circonférence qui varie entre 54 et 60 cm. Il est généralement revêtu d'une enveloppe de cuir ou de matière synthétique.

Terrain

Le terrain de handball est plus grand qu'un terrain de basket-ball et mesure 40 m sur 20 m.

Chronométreur

Marqueur
Il s'occupe de la durée de jeu, de l'entrée et de la sortie des remplaçants, et des temps d'exclusion.

Jet de 7 m

C'est un lancer au but direct effectué à partir du point de penalty. Il est ordonné lorsqu'un joueur de l'équipe adverse empêche un attaquant de tirer au but ou de se créer une occasion de but, ou quand un défenseur se trouve dans la zone des 6 m et bloque un attaquant. Le lanceur ne doit ni toucher ni franchir la ligne des 7 m avant que le ballon n'ait quitté sa main. Tous les autres joueurs, sauf le gardien, doivent demeurer hors de la zone des 9 m.

Secrétaire
Il assiste le marqueur et les arbitres.

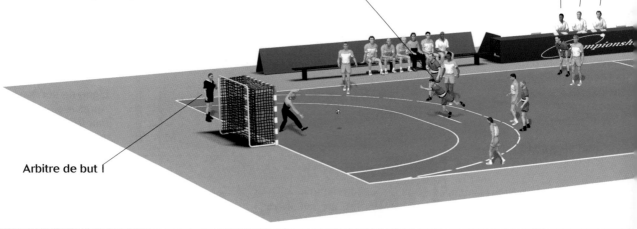

Arbitre de but

Déroulement d'un match

Un match se déroule en deux périodes de 30 minutes (25 minutes pour les femmes) avec une pause de 10 minutes entre les deux. L'équipe qui fait la mise en jeu et effectue la première passe est déterminée par tirage au sort. Le joueur en possession du ballon le passe à un de ses coéquipiers. Chaque équipe se trouve dans son propre camp et le joueur qui engage doit garder un pied en contact avec la ligne médiane jusqu'à ce que le ballon ait quitté sa main. Seul le gardien est autorisé à l'intérieur de la surface de but. Les joueurs ne peuvent pas tenir le ballon en main plus de trois secondes et ne peuvent pas faire plus de trois pas ballon en main. Un point est accordé quand le ballon pénètre entièrement dans le but. L'équipe qui accumule le plus de points à la fin des deux périodes remporte le match.

Passe

La passe est un élément de base du handball. Il est possible de passer le ballon à un partenaire de nombreuses façons. La vitesse et la précision des passes sont souvent le gage de la qualité d'une équipe.

Technique du gardien de but

La gardienne protège un but qui mesure 2 m de haut sur 3 m de large. Au cours d'une partie, la gardienne est soumise à une série de tirs puissants et rapprochés. Plutôt que de chercher à arrêter le ballon, elle essaie de le dévier de son but. Pour donner le moins de chances à l'équipe adverse, elle s'avance d'un pas devant sa ligne de but et se sert de tout son corps pour contrer le tir. Elle doit toujours être prête à réagir rapidement en utilisant ses bras ou ses jambes pour faire dévier le ballon.

Ligne de touche

Quand le ballon franchit cette ligne, une remise en touche est accordée à l'équipe qui ne l'avait pas en sa possession au moment où il est sorti.

Responsable d'équipe

Il est le seul autorisé à s'adresser au secrétaire, au chronométreur et aux arbitres.

Ligne des 9 m (ligne de coup franc)

Lorsqu'un coup franc est accordé à une équipe, aucun joueur attaquant ne peut pénétrer dans la zone des 9 m adverse avant que le ballon ne soit joué.

Surface de but

Il s'agit de la zone délimitée par un arc de cercle situé à 6 m du but. Seul le gardien peut s'y trouver. Toutefois, un joueur en possession du ballon peut sauter au-dessus au moment de tirer au but.

Ligne des 6 m

But

Ligne de but

Arbitre (2)

Les arbitres dirigent le match, chacun étant à tour de rôle arbitre central et arbitre de but. Quand une équipe attaque, l'arbitre situé du côté de cette équipe dirige le champ de jeu et l'autre se place près du but défensif. Lorsque l'équipe défensive se porte en attaque, ils changent de rôle.

Basket-ball

Le basket-ball est aujourd'hui le sport d'intérieur le plus populaire au monde. Il est pratiqué par des joueurs d'âges et de niveaux d'habileté variés, car il est facile d'organiser un match et de jouer. Le basket-ball est également un sport passionnant à regarder comme spectateur. Les Jeux olympiques ainsi que les championnats de la NBA (National Basketball Association) et de la WNBA (Women's National Basketball Association) sont l'occasion d'admirer la rapidité d'exécution, les mouvements imprévisibles et les techniques supérieures de maniement du ballon que démontrent les athlètes de haut niveau. Le basket-ball se joue sur un terrain rectangulaire. Les buts sont des paniers suspendus à trois mètres du sol à chaque extrémité du terrain. Deux équipes de cinq ou six joueurs essaient de marquer des points en lançant le ballon dans le panier de l'adversaire. Les joueurs ne peuvent contrôler le ballon qu'avec les mains. Ils peuvent le lancer, le passer, le frapper ou le faire rouler, mais n'ont pas le droit de courir en le tenant. Pour se déplacer avec le ballon, ils doivent le faire dribbler (rebondir entre le sol et la main). L'équipe qui a le plus de points à la fin d'une partie gagne.

Terrain

Le terrain utilisé pour les matchs de la NBA et de la WNBA mesure 28 m sur 15 m.

Différences de règlements	NBA	FIBA*	WNBA
Durée du jeu	48 min (4 fois 12 min)	40 min (4 fois 10 min)	40 min (2 fois 20 min)
Durée d'attaque maximale	24 s	24 s	30 s
Ligne des 3 points	7,24 m	6,25 m	6 m
Nombre d'arbitres	3	2	3

*Fédération internationale de basket-ball

Horloge des 24 secondes (NBA)
Visible au-dessus de chaque panneau, elle indique aux joueurs le temps qui reste pour conclure les attaques.

Arbitre (2)
Les arbitres se tiennent généralement hors du terrain pour ne pas gêner les joueurs.

Ligne des 3 points (WNBA)

Ligne centrale

Basket-ball

Déroulement d'un match

Dans la NBA, les matchs sont divisés en quatre périodes de 12 minutes. Au début du match, l'arbitre lance le ballon en l'air entre deux adversaires. Les deux joueurs sautent pour tenter de le dévier vers un de leurs coéquipiers. Le joueur en possession du ballon n'a que huit secondes pour l'emmener en terrain adverse et 24 secondes pour faire un tir au panier. Un joueur marqué par un adversaire doit se débarrasser du ballon (par dribble, tir ou passe) dans les cinq secondes. L'arbitre signale une infraction si les temps imposés ne sont pas respectés. Le ballon est alors remis en jeu par l'équipe adverse. Il y a faute également si un joueur ne respecte pas les règles de déplacement quand il est en possession du ballon ou s'il entrave la progression d'un autre joueur. Les fautes entraînent des lancers-francs ou une remise en jeu en faveur de l'équipe adverse. L'adversaire peut alors prendre possession du ballon et le lancer, soit en direction du panier (lancer-franc), soit vers un de ses coéquipiers (remise en jeu), sans être gêné par l'autre équipe.

Décompte des points

Un panier marqué vaut deux points. Il s'agit d'un tir réussi au panier de l'intérieur de la ligne des 3 points ; s'il est effectué au-delà de cette ligne, il vaut trois points. Un lancer-franc réussi, effectué au-delà de la ligne des lancers-francs et de l'intérieur du cercle des lancers-francs, vaut un point. Les lancers-francs sont un élément fondamental pour marquer des points. Comme beaucoup de fautes sont commises au cours d'une partie et, qu'en conséquence, un grand nombre de lancers-francs sont accordés, ceux-ci peuvent aider une équipe à marquer davantage de points.

Ballon (NBA)
Il est fait de cuir ou d'un revêtement synthétique recouvrant une chambre à air. Il a une circonférence de près de 75 cm et pèse environ 570 g. Le ballon utilisé par la WNBA est un peu plus petit.

Panneau
Il est fait de plexiglas pour que les spectateurs placés derrière puissent suivre l'action.

Entraîneur
Il communique en permanence avec les joueurs pendant le match. Il se préoccupe de la qualité de l'arbitrage, élabore des tactiques de jeu et est chargé des remplacements de joueurs.

Anneau
Pour éviter que les vibrations transmises au panneau lors des smashes ne le fassent exploser, l'anneau est monté sur ressort.

| Entraîneur adjoint | Ligne de lancer-franc

| Ligne de fond

| Ligne de côté | Ligne des 3 points (NBA)

Zone réservée
Un joueur de l'équipe en possession du ballon ne peut rester plus de trois secondes consécutives dans cette zone.

Basket-ball

Position des joueurs

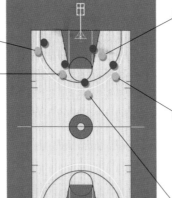

Ailier

Arrière
Il marque l'adversaire le plus dangereux, assiste le meneur et saisit les occasions de tir qui se présentent.

Pivot (joueur intérieur)
Il s'agit souvent du plus grand joueur de l'équipe ; il protège le panier des tirs de près et saisit le ballon au rebond.

Ailier
Les ailiers sont les meilleurs tireurs de l'équipe. Ils font le lien entre l'arrière et le joueur intérieur. Ils sont défenseurs ou attaquants selon le jeu.

Meneur de jeu
C'est le joueur qui maîtrise le mieux le maniement du ballon. Il donne le rythme et mène l'équipe à l'attaque.

Arbitres

Le basket-ball est l'un des sports les plus difficiles à arbitrer en raison de sa rapidité et de la complexité de ses règlements. Les arbitres ne disposent que de quelques fractions de seconde pour décider s'ils vont siffler une faute ou laisser l'action continuer. Ils communiquent avec le marqueur et les autres officiels par signes.

Faute sur attaquant
Pousser ou tenter de passer en force contre le torse d'un adversaire.

Marcher
Se déplacer d'un pas ou plus, alors qu'on est en possession du ballon.

Double dribble
Recommencer à dribbler après avoir interrompu le dribble ou avoir touché le ballon des deux mains.

Faute   **Temps d'arrêt**

Les passes

Pour surprendre l'adversaire et diminuer les risques d'interception, la plupart des passes se font en trajectoire tendue, sur de courtes distances, et presque toujours sans regarder le receveur.

Passe à la poitrine
Elle est réalisée quand il n'y a aucun obstacle entre le lanceur et le receveur. Le ballon est tenu à deux mains devant la poitrine, puis poussé vers l'avant au moyen des bras et des poignets.

Passe avec rebond au sol
Elle est utilisée lorsqu'un défenseur fait écran entre le passeur et le receveur. Le ballon est passé vers le bas, dans la zone la moins contrôlée par le défenseur, et attrapé par le receveur après un rebond.

Passe à une main
Elle permet souvent de trouver de meilleurs angles quand le passeur est serré de près par l'adversaire. Sa main libre accompagne et protège le ballon pendant qu'il se prépare à lancer.

Les tirs

La précision des tirs dépend de l'équilibre et de la vitesse du joueur, ainsi que de son habileté à tirer en sautant.

Tir en suspension
C'est le tir le plus fréquent. La main de soutien maintient le ballon en position pendant que l'autre est utilisée pour lancer le ballon vers le panier. Le ballon est lancé au sommet du saut.

Lay-up
Après avoir battu ses adversaires de vitesse, l'attaquante saute à proximité du panier et porte le ballon dedans. Son poignet reste droit et sa main pousse le ballon par-dessous.

Smash
C'est le tir le plus spectaculaire. Le joueur fait pénétrer le ballon dans le panier à une ou deux mains, d'au-dessus, empêchant ainsi toute tentative d'intervention de la part de l'adversaire.

Le dribble

Les joueurs ne sont pas autorisés à courir en transportant le ballon, mais ils peuvent se déplacer librement en le faisant rebondir entre le sol et la main. La main ne frappe pas, mais accompagne le mouvement avec un fouetté du poignet. On doit dribbler sans regarder le ballon pour pouvoir communiquer avec ses partenaires ou surveiller ses adversaires. Interrompre un dribble et le recommencer est une infraction.

★ Les Harlem Globe Trotters

Cette équipe de renommée internationale a joué un grand rôle dans la promotion du basket-ball. Les légendaires Globe Trotters épatent les spectateurs du monde entier avec leurs cabrioles spectaculaires depuis 1927. En 1998, ils ont disputé leur 20 000e match, un record encore inégalé par une équipe de sport professionnel.

Dribble bas
Le dribble bas est utilisé pour échapper à l'adversaire ou pour pénétrer la défense adverse lors des attaques. Le rebond se fait à la hauteur du genou, pendant que la main libre et le corps protègent le ballon. Ce dribble est efficace pour conserver le ballon, car il permet des changements de main et de direction plus rapides.

Dribble haut
Le dribble à la hauteur des hanches ou des épaules permet des pointes de vitesse quand le joueur s'est démarqué de ses adversaires.

Football américain et canadien

Dans ce sport, la stratégie est aussi importante que le jeu lui-mêm
Derrière la force brute se cachent des jeux complexes mémoris
par chaque membre de l'équipe. Deux équipes de 11 joueurs
essaient de marquer des points en amenant le ballon à
l'autre extrémité du terrain, dans la zone du but de
l'adversaire. L'équipe à la défense fait tout en son
pouvoir pour empêcher la progression des attaquant:
Les joueurs poussent, bloquent et plaquent les
adversaires pour entraver leur progression et prend
possession du ballon. Si l'équipe à l'attaque réussit
à amener le ballon dans la zone du but adverse,
un touché (six points) lui est accordé. Une autre faço
de marquer des points est de botter le ballon entre les
deux tiges verticales du but de l'adversaire. L'équipe qui
a le plus de points à la fin du match remporte la victoire.

Casque
Tous les joueurs portent un casque
protecteur. Celui du quart-arrière est
pourvu d'un écouteur pour que
l'entraîneur-chef puisse lui transmettre
les plans de jeu.

Épaulières et protège-dents
Les joueurs doivent porter ces pièces
d'équipement pour se protéger, car
le jeu peut devenir très brutal.

Terrain

Il mesure 49 m sur 110 m (53,33 verges
sur 120 verges).

Poteaux du but
Les deux poteaux sont à un peu plus de 5,5 m l'un de l'autre et sont
reliés par une barre transversale placée à 3,05 m du sol. Les
drapeaux fixés en haut des poteaux indiquent la direction du vent.
Cela aide le joueur qui tente de botter le ballon entre les tiges. L

Barre transversale L

Ligne de fin de terrain L
Les joueurs ne doivent pas dépasser
la ligne de fin de terrain.

Zone du but Ⅰ
Chaque équipe défend sa zone du but,
placée à l'extrémité du terrain. Cette zone
a une profondeur de 10 verges.

Ligne du but Ⅰ

Football américain et canadien

Déroulement d'un match

Un match comprend quatre quarts de 15 minutes. En raison des nombreuses interruptions, les matchs durent souvent trois heures ou plus. Chaque équipe se compose d'un maximum de 45 joueurs répartis en trois formations : l'attaque, la défensive et les unités spéciales. Ces dernières sont formées de spécialistes chargés des bottés d'envoi et des bottés de dégagement. Dans le botté de dégagement, le botteur laisse tomber le ballon et le botte au moment où il touche le sol. Un tirage au sort détermine quelle équipe effectuera le botté d'envoi au début du match.

Botté d'envoi

Au début de la partie, après une mi-temps et après chaque touché ou placement, une équipe effectue un botté d'envoi en direction de la zone adverse. Dans un botté d'envoi, le ballon est maintenu sur une de ses extrémités en pointe, puis botté. L'équipe qui reçoit le botté (les attaquants) essaie de retourner le ballon dans la zone adverse. Le jeu s'interrompt quand le receveur du botté est plaqué.

Arbitres

Il y a sept arbitres sur le terrain, chacun ayant une fonction spécifique. L'arbitre en chef, qui porte une casquette blanche, prend la décision finale.

Retenu
Un joueur a retenu illégalement un adversaire.

Premier essai accordé
L'équipe en attaque a couvert au moins 10 verges en quatre essais ou moins. Elle peut donc continuer sa progression.

Points marqués
Un touché, une conversion ou un botté de placement ont été réussis.

Hors-jeu (empiètement)
Un défenseur a avancé dans la zone neutre de la ligne de mêlée avant que le ballon ne soit joué.

Ligne
Les lignes divisent le terrain en zones de cinq verges et servent à mesurer l'avance de l'équipe à l'attaque. Des traits hachurés marquent chaque verge entre deux lignes.

Ligne de 50 verges
Cette ligne marque le centre du terrain. Chaque côté du terrain est défendu par une des équipes. Au terme du premier et du troisième quarts, les équipes changent de côté.

Trait de remise en jeu

Lignes de touche

Football américain et canadien

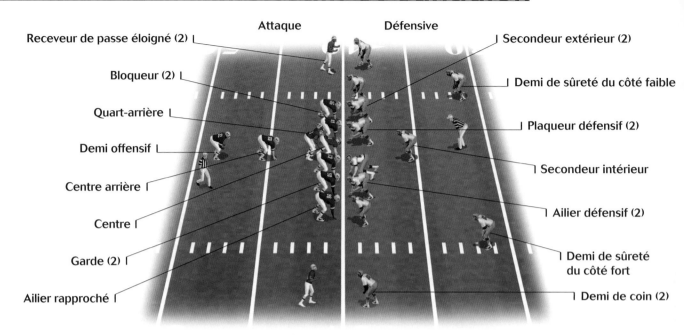

Attaque   Défensive

Receveur de passe éloigné (2) — Secondeur extérieur (2)
Bloqueur (2) — Demi de sûreté du côté faible
Quart-arrière — Plaqueur défensif (2)
Demi offensif — Secondeur intérieur
Centre arrière — Ailier défensif (2)
Centre — Demi de sûreté du côté fort
Garde (2) — Demi de coin (2)
Ailier rapproché

L'attaque

Quart-arrière
Il mène l'attaque et donne des directives à l'équipe sur la stratégie utilisée. Pour empêcher que l'autre équipe identifie la stratégie choisie, il se sert de signaux codés pour communiquer avec ses coéquipiers.

Centre
Il remet le ballon au quart derrière lui pour commencer le jeu offensif.

Demi offensif
Il porte le ballon en situation de course.

Centre arrière
C'est un excellent bloqueur qui protège le quart.

Ailier rapproché
Il aide l'attaque à dominer la ligne de mêlée.

Receveur de passe éloigné (2)
Ils reçoivent des passes et se servent de leur vitesse pour obliger la défensive à les couvrir sur de grandes distances.

Garde (2)
Ce sont les bloqueurs clés des jeux au sol.

Bloqueur (2)
Placés à l'extrémité de la ligne à l'attaque, leur tâche est de protéger le quart-arrière en situation de passe.

L'attaque

L'équipe en attaque doit franchir 10 verges dans la zone adverse en quatre essais. Si elle n'y parvient pas, l'équipe défensive prend possession du ballon et devient l'équipe en attaque. Un essai prend fin quand un joueur attaquant perd la maîtrise du ballon, l'échappe ou sort en touche, quand une passe est interceptée par la défense ou quand un défenseur plaque le porteur du ballon. Le centre remet le ballon en jeu en le passant au quart-arrière entre ses jambes, pendant que le reste de l'équipe fait face à l'équipe défensive sur la ligne de mêlée. La ligne de mêlée est la ligne où les deux équipes se font face avant de mettre le ballon en jeu. Plusieurs joueurs protègent le quart-arrière, qui doit passer ou remettre le ballon à un coéquipier selon la tactique déterminée à l'avance. Les attaquants peuvent courir avec le ballon ou le quart-arrière peut effectuer une longue passe en direction du receveur de passe éloigné. Le placement (botter le ballon entre les poteaux du but) ou le converti sont d'autres jeux possibles.

Remise du ballon au quart
Le centre remet le ballon au quart-arrière. Celui-ci peut être placé directement derrière le centre ou à quelques verges de celui-ci.

Passe du quart
Après s'être déplacé dans la poche protectrice et avoir localisé le receveur, le quart-arrière effectue la passe. Celle-ci peut être courte ou très longue, couvrant parfois plus de la moitié du terrain.

Football américain et canadien

Réception de passe par un receveur

Le receveur doit créer un écart entre lui et le défenseur chargé de le couvrir afin de donner plus rapidement une cible à son quart. À la réception du ballon, il le sécurise avec sa main et à l'intérieur de son biceps, et continue à courir en direction de la zone du but adverse.

La défensive

La défensive essaie d'empêcher l'équipe à l'attaque d'atteindre sa zone du but ou de botter le ballon entre ses poteaux du but. Les défenseurs doivent identifier la stratégie que les attaquants sont susceptibles d'utiliser. Ils essaient de plaquer le quart ou le porteur du ballon aussi rapidement que possible en situation de course. Ils tentent également d'intercepter les passes vers le receveur.

La défensive

Plaqueur défensif (2)
Ils tentent de stopper la progression des attaquants en plaquant le quart ou le porteur du ballon. Ils obligent aussi la ligne d'attaque à utiliser deux joueurs pour les bloquer.

Secondeur intérieur
Au cœur de la défensive, ses déplacements latéraux lui permettent de se rendre rapidement au porteur du ballon.

Ailier défensif (2)
Les ailiers défensifs s'efforcent de contenir et de contrôler l'attaque. Ils doivent forcer toute tentative de course à revenir vers l'intérieur et empêcher le quart de les déborder en situation de passe.

Secondeur extérieur (2)
Ils exercent une pression sur le quart et effectuent une couverture homme-à-homme sur un porteur de ballon ou un ailier rapproché.

Demi de sûreté du côté faible
On se sert surtout de lui pour son habileté à couvrir la passe, soit en attrapant ou en interceptant le ballon, soit en plaquant le receveur.

Demi de sûreté du côté fort
Il se trouve du côté où l'attaque a le plus de chances de se déployer avec le ballon.

Demi de coin (2)
Ils doivent être aussi rapides que les receveurs éloignés. Ce sont souvent les derniers joueurs qui peuvent empêcher un touché.

Plaqué
La cible principale du plaqueur est le joueur en possession du ballon. Il effectue le plaqué en encerclant le porteur du ballon et en l'entraînant au sol.

Couverture contre la passe
Les demis de coin et de sûreté effectuent les couvertures contre les passes. Ils surveillent le quart pour repérer le receveur visé.

Botté de précision et converti

Un botté de précision peut être tenté par l'équipe à l'attaque de n'importe quelle position sur le terrain. Le centre remet le ballon à un coéquipier. Ce dernier le maintient à la verticale pour le botteur, qui tente d'envoyer le ballon entre les tiges verticales du but. Un touché peut être converti (un point supplémentaire) par un botté. Le ballon doit alors être placé à au moins deux verges de la ligne du but et le botté est effectué de la même façon qu'un botté de précision. Le touché peut aussi être converti par un jeu de passe ou une course (deux points) faisant franchir la ligne du but au ballon.

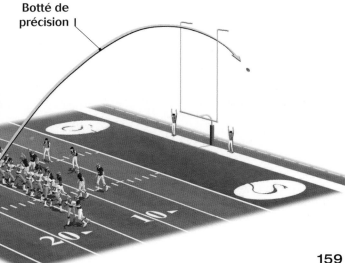

Botté de précision

Rugby

Le rugby est un sport de ballon qui s'apparente au football. Il est pratiqué par les hommes et par les femmes dans plus de 100 pays. Diverses ligues de rugby ont chacune leurs propres règles. La IRB (International Rugby Union) est la plus ancienne association de rugby et la plus connue. Elle inclut 92 associations nationales regroupant à la fois des équipes d'amateurs et de professionnels. Les matchs de rugby se disputent sur un terrain pourvu de buts à chaque extrémité. Dans les matchs de la Rugby Union, deux équipes de 15 joueurs tentent de marquer des points en envoyant le ballon dans l'en-but adverse. Les joueurs peuvent courir avec le ballon, le lancer et le botter. Bien qu'ils puissent envoyer le ballon vers l'avant d'un coup de pied, ils ne peuvent faire des passes que sur les côtés ou vers l'arrière. Seul le porteur du ballon peut être plaqué ; toute autre forme de coup ou de blocage est interdite. Comme dans le football, le jeu se déplace un peu partout sur le terrain et les pauses sont rares.

Terrain

Le terrain est généralement recouvert de gazon. L'aire de jeu, plus grande qu'un terrain de football, mesure environ 69 m sur 100 m.

Décompte des points

Un joueur peut marquer des points pour son équipe de diverses façons.

Essai (cinq points)
Le joueur doit déposer le ballon dans l'en-but adverse.

Coup de pied de pénalité (trois points)
Le coup de pied de pénalité permet à un joueur de tenter de botter le ballon entre les poteaux du but de l'équipe qui a commis une faute.

Transformation (deux points)
Après un essai, un joueur peut tenter d'envoyer le ballon directement entre les poteaux du but au moyen d'un coup de pied placé ou tombé.

Coup de pied tombé (trois points)
Un joueur peut, à tout moment, tenter un coup de pied tombé pour envoyer le ballon entre les poteaux du but adverse.

Ligne de touche
Quand le ballon franchit cette ligne, il n'est plus en jeu et doit être remis en jeu par une touche.

Ligne de but
Elle délimite la zone d'en-but.

Poteau (14)
Ils sont placés le long des lignes de touche au coin des lignes de ballon mort, de but, des 22 m et de la ligne médiane pour délimiter le terrain.

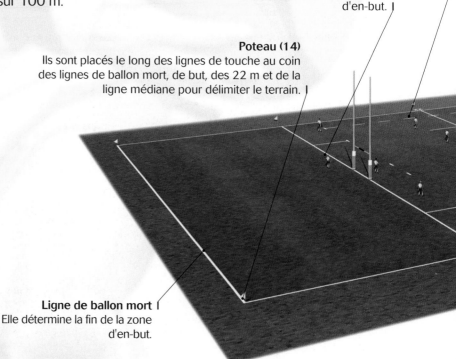
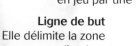

Ligne de ballon mort
Elle détermine la fin de la zone d'en-but.

Rugby

Déroulement d'un match

Un match de la Rugby Union se déroule en deux périodes de 40 minutes. Lors du coup d'envoi, l'équipe qui a gagné le ballon au sort doit le botter, à partir du milieu du terrain, dans le camp adverse. Le ballon doit franchir la ligne des 10 m adverse pour être considéré en jeu. Les deux équipes tentent alors d'en prendre possession pour marquer des points. Le ballon peut être déposé à la main dans la zone d'en-but adverse ou envoyé entre les poteaux grâce à un coup de pied. Il y a sortie de touche lorsque le ballon franchit la ligne de touche. Le ballon est alors remis en jeu par l'équipe qui n'en avait pas possession. La touche est formée par au moins deux joueurs de chaque équipe, rangés sur deux lignes parallèles. Le joueur qui met le ballon en jeu doit le lancer entre les deux alignements de joueurs, qui tentent alors de s'en saisir. Une faute entraîne un coup de pied de pénalité ou un coup franc pour l'équipe adverse. Un coup de pied de pénalité est tenté de l'endroit où une faute a été commise, en direction des poteaux du but. Dans le cas d'un coup franc, le joueur a le choix de botter le ballon ou de jouer à la main, mais ne peut pas tenter un tir au but. L'équipe qui a le plus de points remporte le match.

Équipement

Ballon

Il est constitué d'une chambre à air recouverte de plastique ou de cuir traité pour résister à l'eau et à la boue. Sa forme s'apparente à celle d'un ballon de football américain, mais il est légèrement plus gros et ses bouts sont arrondis. Il mesure environ 28 cm de long et a une circonférence de 76 cm. Il pèse approximativement 425 g.

Coupes et championnats

La Coupe du monde de rugby (RWC)
Elle regroupe 20 pays. Depuis 1987, elle est présentée tous les quatre ans, en alternance entre hémisphères Nord et Sud.

Le Tournoi des Six Nations
Il regroupe l'Angleterre, l'Écosse, l'Irlande, le pays de Galles, la France et l'Italie, qui s'affrontent respectivement une fois chacune.

Le Rugby Super Twelve
Ce tournoi oppose 12 équipes représentant une province ou une ville d'Australie, de Nouvelle-Zélande et d'Afrique du Sud. Les quatre meilleures équipes s'affrontent en demi-finale, puis les deux vainqueurs disputent la finale.

Les Tri-Séries
Ce tournoi met aux prises l'Australie, la Nouvelle-Zélande et l'Afrique du Sud, qui s'affrontent deux fois chacune.

5,5 m

3,05 m

Ligne du verrouilleur
Située à 15 m de la ligne de touche, elle indique la position la plus reculée que peut occuper le dernier joueur de l'alignement, appelé verrouilleur, lors d'une touche.

Poteaux du but

Ligne médiane
Elle délimite les deux camps.

En-but
Zone à l'intérieur de laquelle un essai peut être marqué.

Ligne des 10 mètres
Lors du coup d'envoi ou d'un engagement, l'équipe qui ne possède pas le ballon ne peut pas franchir cette ligne. L'équipe qui met le ballon en jeu doit l'envoyer au-delà de cette ligne.

Ligne des 22 mètres
Elle marque l'endroit de remise en jeu du ballon lors d'un coup de pied de renvoi, après l'arrêt du ballon par un joueur défensif dans son en-but.

Ligne de remise en touche
Située à cinq mètres de la ligne de touche, elle indique la position que doit occuper le premier joueur de l'alignement lors d'une touche.

Rugby

Position des joueurs

La numérotation des maillots des joueurs correspond généralement à leur position sur le terrain.

Arrière
Il constitue la dernière ligne de défense face à un adversaire qui s'apprête à marquer un essai. Il doit être capable de récupérer le ballon lors des coups de pied de dégagement de l'adversaire. Il doit aussi relancer le jeu de son équipe, soit à la main, soit par un coup de pied de dégagement.

Trois-quarts (4) (centres et ailiers)
En défensive, ils doivent être de bons plaqueurs pour empêcher l'adversaire de progresser sur la largeur du terrain. En offensive, ils font circuler le ballon rapidement à la main pour prendre la défense adverse de vitesse.

Centre (2)

Ailier

Ailier

Demi de mêlée
Il effectue la liaison entre les lignes avant et les lignes arrière. Dans une mêlée, il doit récupérer le ballon et mettre les trois-quarts en position d'attaque.

Demi d'ouverture
Il effectue la liaison entre le demi de mêlée et les trois-quarts. Il initie les mouvements offensifs de son équipe.

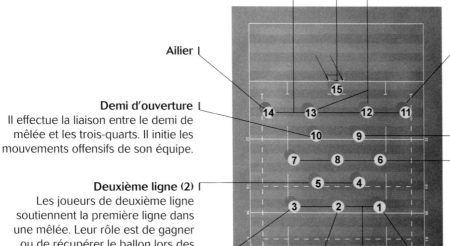

Troisième ligne (3)
Ils forment la dernière ligne de joueurs dans une mêlée. Ils doivent garder le ballon entre leurs pieds jusqu'à ce que le demi de mêlée puisse le récupérer. En phase de jeu, ils relaient le ballon des joueurs de première ligne vers les demis.

Deuxième ligne (2)
Les joueurs de deuxième ligne soutiennent la première ligne dans une mêlée. Leur rôle est de gagner ou de récupérer le ballon lors des remises en touche ou des mêlées.

Pilier

Talonneur

Pilier

Première ligne (3)
Les deux piliers soutiennent le talonneur et tentent de faire avancer la mêlée en poussant l'adversaire de façon à gagner du terrain. En phase de jeu, les joueurs de première ligne doivent empêcher la progression adverse et gagner le ballon lors des mêlées.

Les joueurs de première ligne sont au contact de l'adversaire dans une mêlée. Le talonneur est chargé de gagner le ballon et de le glisser du pied vers ses partenaires derrière lui.

Technique et tactiques

La passe
Le jeu de passes permet à une équipe de conserver le ballon. La passe doit toujours se faire de côté ou vers l'arrière. Une succession rapide de passes entre coéquipiers permet de créer des ouvertures dans la défense adverse et de les utiliser pour progresser vers l'en-but.

Arrêt de volée (marque)
Un joueur fait un arrêt de volée quand, entre son propre en-but et sa ligne des 22 mètres, il attrape le ballon provenant directement d'un coup de pied ou d'une passe en avant d'un adversaire, tout en criant : « Marque ! ». Il bénéficie alors d'un coup franc.

Coup de pied tombé (drop-goal)
Le botteur laisse tomber le ballon au sol et le botte au moment où il rebondit.

Plaquage
Ce geste défensif permet de bloquer un adversaire qui porte le ballon et d'entraver sa progression. Le défenseur peut attraper l'adversaire dans une zone allant de ses genoux à son torse. Le joueur plaqué qui tombe au sol doit lâcher le ballon.

Mêlée ordonnée
Elle survient à la suite d'une faute. Elle est formée par huit joueurs de chaque équipe groupés de manière à permettre au ballon d'être lancé entre eux, sur le sol. L'introduction du ballon est accordée à l'équipe non fautive. Le talonneur (joueur au centre de la première ligne) est chargé de talonner le ballon, c'est-à-dire de le pousser du pied vers l'arrière de la mêlée. Les joueurs ne peuvent se détacher de la mêlée tant que le ballon n'en est pas sorti.

Maul
Un maul survient quand le porteur du ballon est arrêté par un défenseur sans être mis au sol. Plusieurs joueurs de chaque équipe l'entourent pour tenter de prendre possession du ballon. Le maul prend fin quand le ballon est par terre, quand celui-ci ou le joueur qui le porte s'est dégagé, ou quand une mêlée a été ordonnée.

Mêlée spontanée
Les joueurs forment une mêlée spontanée afin de prendre possession du ballon après un plaquage. Ils se lient au moins par un bras passé autour du corps d'un partenaire et se regroupent autour du ballon en essayant de le talonner, c'est-à-dire de le pousser du pied vers l'arrière.

Volley-ball

Le volley-ball se joue sur un terrain divisé en deux par un filet. Deux équipes masculines ou féminines de six joueurs s'affrontent, chacune de son côté du filet. Les joueurs se succèdent au service, frappant le ballon de leurs mains pour l'envoyer dans la zone adverse en le faisant passer par-dessus le filet. Ils tentent de marquer des points en faisant tomber le ballon au sol de l'autre côté du filet. L'autre équipe essaie de retourner le ballon dans la zone adverse. L'équipe au service gagne le point si l'autre équipe ne réussit pas à renvoyer le ballon par-dessus le filet, l'envoie en dehors des limites du terrain ou commet une faute. Les joueurs peuvent frapper le ballon, mais non le tenir. Chaque équipe a droit à trois touches au maximum pour retourner le ballon dans le camp adverse. Les équipes disputent des manches de 15 points chacune. L'équipe gagnante est celle qui remporte trois manches sur cinq. Le volley-ball fait l'objet de compétitions dans le cadre des Jeux olympiques et de la Coupe du monde.

Équipement

Ballon
Il se compose d'une chambre à air recouverte de cuir souple. Plus petit qu'un ballon de basket-ball, il a une circonférence d'environ 66 cm. Il est aussi beaucoup plus léger, pesant approximativement 270 g.

Genouillère
Les joueurs doivent souvent se laisser tomber sur les genoux pour retourner le ballon. Ils portent des genouillères pour se protéger de l'impact.

Le terrain

Il mesure 18 m sur 9 m et est entouré d'une zone libre de 3 ou 5 m de largeur. Les joueurs sont autorisés à pénétrer dans la zone libre pour frapper le ballon si nécessaire.

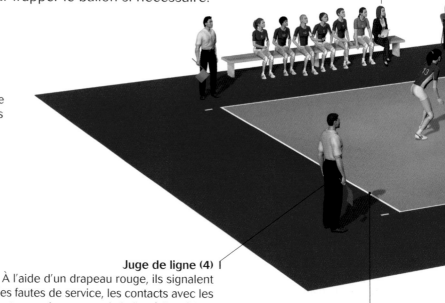

Marqueur
Il gère les feuilles de match, les interruptions de jeu, les temps morts et les rotations.

Entraîneuse

Juge de ligne (4)
À l'aide d'un drapeau rouge, ils signalent les fautes de service, les contacts avec les antennes, le passage du ballon à l'extérieur de celles-ci et les sorties de ballon.

Ligne de fond

Volley-ball

Déroulement d'un match

L'équipe qui gagne le tirage au sort peut choisir de servir ou de recevoir le service. Les joueurs se placent en deux rangs de trois pour couvrir l'avant et l'arrière de leur zone. Le ballon est mis en jeu par un joueur placé derrière la ligne de fond. Il frappe le ballon de la main ou du bras en essayant de l'envoyer par-dessus le filet. Si l'équipe qui reçoit le service ne parvient pas à retourner le ballon, l'autre équipe gagne le point. Si l'équipe qui reçoit le service renvoie le ballon et que l'autre équipe ne peut le retourner, elle gagne le droit de servir. Les équipes perdent l'échange si elles frappent le ballon en dehors des limites du terrain ou si le ballon touche le filet. À l'exception du libero (un joueur spécialisé en défense), les joueurs effectuent une rotation autour du terrain. Ils jouent tour à tour dans diverses positions et se succèdent au service.

Le service

Dans le service tennis, le serveur se sert de son bras comme d'une raquette de tennis pour envoyer le ballon par-dessus sa tête. Bien que le service par en dessous soit autorisé, les joueurs de calibre international utilisent plutôt le service par-dessus la tête, comme le service tennis et le service en suspension. Dans ce dernier, le joueur lance le ballon dans les airs, puis effectue un saut avec élan pour aller le frapper.

Second arbitre

Il prend toutes les décisions se rapportant au franchissement de la ligne centrale et des lignes d'attaque, signale toutes les fautes de filet (contacts illégaux avec le filet), surveille la position des joueurs de l'équipe recevant le service et donne son avis au premier arbitre.

Panneau d'affichage des points

Manche
Nombre de manches gagnées par l'équipe.

Libero
Chaque équipe peut désigner un joueur pour tenir le rôle du libero, qui est spécialisé en défense. Il peut être appelé à remplacer un joueur arrière en cas de besoin.

Points
Nombre de points marqués par l'équipe dans la manche en cours.

Zone de dégagement ou zone libre

Premier arbitre
Il dirige le match et surveille les jeux près du filet. Ses décisions sont sans appel.

Antenne
Elle délimite la zone dans laquelle le ballon est accepté.

Ligne de 3 m (Ligne d'attaque)
Lors de l'attaque, les arrières doivent frapper le ballon derrière cette ligne, sans la franchir ou la toucher.

Ligne centrale
Elle délimite les deux camps. Personne ne peut la franchir au risque de perdre le point.

Volley-ball de plage

Le volley-ball de plage est une variante du volley-ball. L'aire de jeu est un peu plus petite et couverte de sable. Les participants jouent souvent pieds nus. Les équipes sont composées de deux ou de quatre joueurs. Le ballon est gonflé à une pression plus élevée que dans le volley-ball intérieur, ce qui le rend plus lourd et améliore sa stabilité face au vent.

La manchette
Elle est utilisée pour recevoir un service ou pour rediriger le ballon vers un autre joueur.

La récupération au sol
Elle permet de récupérer un ballon difficile, qui serait autrement impossible à jouer. Le joueur plonge vers le ballon au ras du sable et effectue une manchette à un ou deux bras.

Le contre
Le contre sert à bloquer un smash. Il peut s'effectuer seul, à deux ou à trois. Pour contrer, il faut être grand et posséder une bonne anticipation du jeu.

Le smash
Il consiste à frapper sèchement le ballon d'une main, de façon à l'envoyer au sol dans le camp opposé. Le joueur saute en s'élançant vers l'avant pour donner plus de puissance au smash, ce qui rend le coup difficile à parer pour l'équipe adverse.

Le terrain
L'épaisseur de sable doit être d'au moins 38 cm.

Premier arbitre
Il dirige le jeu.

Second arbitre
Il signale toutes les fautes de filet (contacts illégaux des joueurs avec le filet) et donne son avis au premier arbitre en cas de besoin.

Juge de ligne (4)
Ils signalent les sorties de ballon.

Marqueur

Aire de repos

Ligne
Les limites du terrain sont indiquées par une corde de couleur vive ancrée dans le sol. Il n'y a pas de ligne centrale.

Sports de raquette

Tennis
Badminton
Tennis de table
Squash
Raquetball

Tennis

Le tennis est un sport de raquette dans lequel deux joueurs (simple) ou deux équipes de deux joueurs (double) se renvoient une balle par-dessus un filet sur un court intérieur ou extérieur. Les joueurs frappent tour à tour la balle pour se la renvoyer par-dessus le filet, ce qui s'appelle « faire des échanges ». Le but du jeu est de marquer le plus de points en faisant en sorte que l'adversaire ne puisse retourner la balle par-dessus le filet et dans les limites du terrain. Ce sport est très populaire, car il peut être pratiqué par des personnes de tout âge et de divers niveaux d'habileté. Dans les matchs de tennis professionnel et olympique, les échanges se font à la vitesse de l'éclair et il faut avoir d'excellents réflexes. Les joueurs doivent être capables de frapper une balle se déplaçant à plus de 160 km/h.

Équipement

Raquette
Le cadre est composé de matières synthétiques. Les cordages du tamis sont généralement en nylon. Le manche est souvent recouvert de cuir ou de caoutchouc.

Balle
Elle a une circonférence d'environ 6,4 cm et pèse près de 57 g. Elle est creuse et faite de caoutchouc recouvert de feutre (fibres de laine ou fibres synthétiques) jaune ou blanc.

Arbitre de chaise
Il s'assure du respect des règles et distribue les pénalités aux joueurs fautifs. Il annonce le score après chaque point et peut renverser la décision des juges de ligne en cas d'erreur.

Court

Le court de tennis mesure approximativement 24 m sur 8 m (11 m pour les parties en double). Il peut s'agir d'une surface en gazon, en terre battue, en ciment, en asphalte ou en bois, ou encore d'un revêtement synthétique.

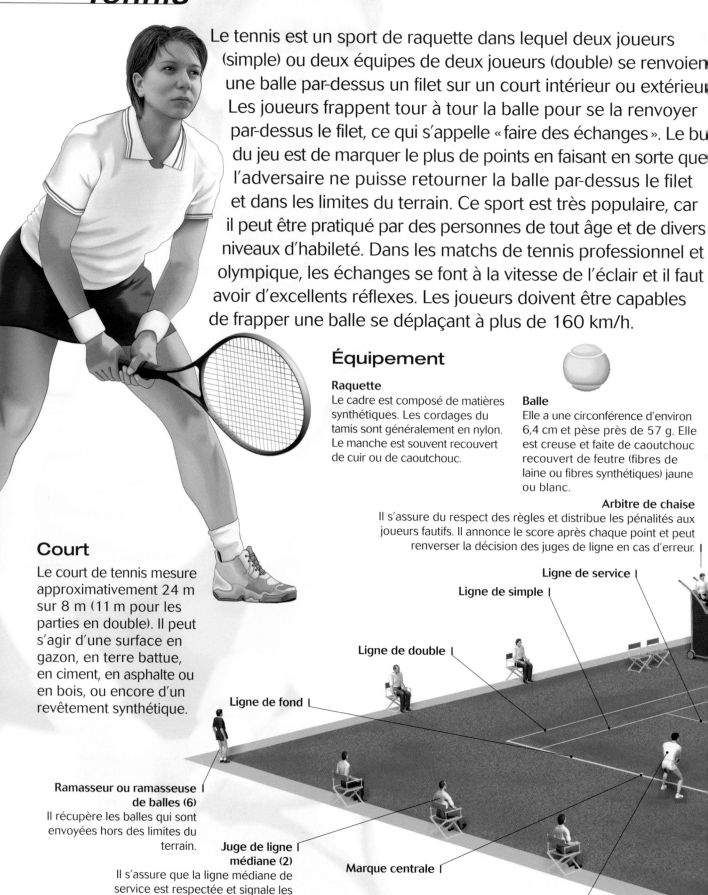

Ligne de service

Ligne de simple

Ligne de double

Ligne de fond

Ramasseur ou ramasseuse de balles (6)
Il récupère les balles qui sont envoyées hors des limites du terrain.

Juge de ligne médiane (2)
Il s'assure que la ligne médiane de service est respectée et signale les fautes dans le cas contraire.

Marque centrale

Receveur

Déroulement d'un match

Pour décider quel joueur servira le premier et quel côté du court chacun occupera, les joueurs font tourner une raquette sur elle-même, debout sur son cadre. Le côté du court où elle retombe détermine la position des joueurs et celui qui est au service. Le serveur a droit à deux essais. Le retour doit toujours être renvoyé par-dessus le filet après un rebond de la balle. Pendant le reste de la partie, les joueurs peuvent frapper la balle après un seul rebond au sol ou directement avant le rebond.

Décompte des points

Un match est divisé en manches, jeux et points. Un jeu est une série de points. Les joueurs commencent à 0 ; le premier qui marque quatre points et a une avance de deux points sur son adversaire gagne le jeu. Les quatre points sont appelés : 15, 30, 40 et jeu. Le vainqueur de six jeux remporte la manche, à condition qu'il ait une avance de deux jeux sur l'autre joueur. Si ce n'est pas le cas, un bris d'égalité est alors nécessaire. Les matchs se déroulent généralement en trois manches. Le gagnant du match est le premier joueur à remporter deux des trois manches.

Tournois

De nombreux tournois importants rassemblent les meilleurs joueurs de tennis du monde : le US Open, qui se tient à New York ; les Internationaux de tennis d'Australie ; les Internationaux de France ; et le tournoi de Wimbledon, qui a lieu à Londres, en Angleterre.

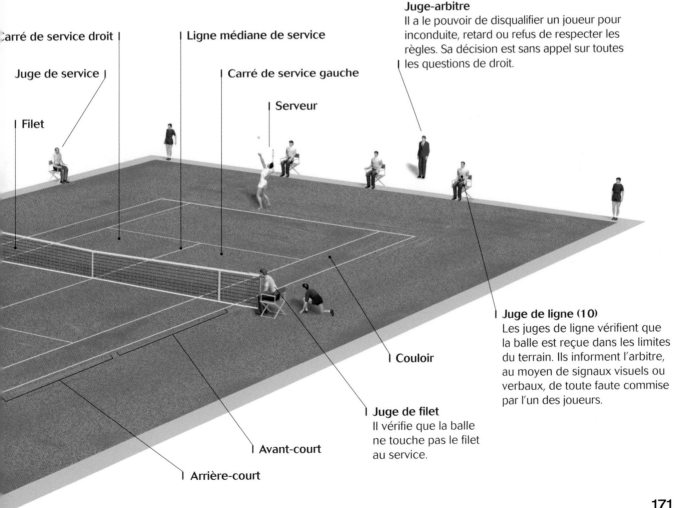

Juge-arbitre
Il a le pouvoir de disqualifier un joueur pour inconduite, retard ou refus de respecter les règles. Sa décision est sans appel sur toutes les questions de droit.

Carré de service droit

Ligne médiane de service

Juge de service

Carré de service gauche

Serveur

Filet

Juge de ligne (10)
Les juges de ligne vérifient que la balle est reçue dans les limites du terrain. Ils informent l'arbitre, au moyen de signaux visuels ou verbaux, de toute faute commise par l'un des joueurs.

Couloir

Juge de filet
Il vérifie que la balle ne touche pas le filet au service.

Avant-court

Arrière-court

Tennis

Service

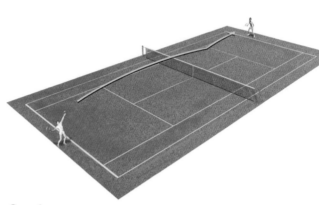

Service

Le serveur met la balle en jeu en la lançant dans les airs et en la frappant avant le rebond. Il est placé derrière la ligne de fond et il a droit à deux essais pour envoyer la balle dans le carré de service situé en diagonale. Le premier service est exécuté à la droite du terrain, les suivants alternent après chaque point.

Coups

Coup d'approche

Dans le coup d'approche, le joueur frappe la balle à mi-terrain en direction de l'arrière-court adverse, puis s'avance au filet. Ce coup peut être utilisé lorsque la balle adverse est courte.

Coup de fond

Dans le coup de fond, le joueur frappe la balle de façon qu'elle ait une trajectoire basse et une grande vitesse. Pendant un échange, ce coup permet d'attaquer en puissance et en précision. Il est généralement joué près de la ligne de fond.

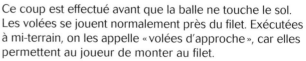

Volée

Ce coup est effectué avant que la balle ne touche le sol. Les volées se jouent normalement près du filet. Exécutées à mi-terrain, on les appelle « volées d'approche », car elles permettent au joueur de monter au filet.

Coups spéciaux

Lob
Le joueur envoie la balle en hauteur de manière qu'elle rebondisse le plus près possible de la ligne de fond. Le lob peut être utilisé pour déjouer l'adversaire monté au filet.

Smash
Coup puissant exécuté au-dessus de la tête, le smash répond généralement à un lob et laisse à l'adversaire peu de chances de répliquer.

Partie en double

Les joueurs de double doivent harmoniser leur jeu. Chacun des joueurs a une fonction précise à remplir en début de point en tant que serveur, partenaire du serveur, relanceur et partenaire du relanceur. Le même joueur peut frapper successivement plusieurs coups sans que son partenaire ait à intervenir. Une fois le point commencé, l'équipe doit se positionner pour couvrir le terrain efficacement en fonction des coups adverses. Les partenaires servent à tour de rôle.

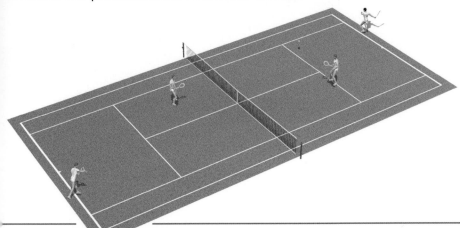

Prises de raquette
Les joueurs de tennis modifient leur prise de raquette pour donner différentes trajectoires à la balle.

Prise à deux mains
Il existe de nombreuses variations de ce type de prise surtout utilisée pour les revers. Dans un revers, l'arrière de la main qui manie la raquette fait face à la balle.

Prise eastern
Utilisée pour les volées hautes et les coups de fond, elle favorise les effets plats (trajectoire tendue) et légèrement brossés (qui impriment à la balle une rotation avant).

Prise continentale
Elle est utilisée surtout pour les effets coupés (rotation arrière) à la volée et au service.

Prise western et semi-western
On s'en sert pour les effets brossés (rotation avant) et surtout pour les coups de fond.

Badminton

Au badminton, les joueurs se servent de raquettes légères pour se renvoyer un objet en forme de cône, qu'on appelle un volant, par-dessus un filet. Les matchs sont disputés par deux joueurs (simple) ou deux équipes de deux joueurs (double). Les hommes et les femmes peuvent jouer séparément ou en double mixte (un homme et une femme par équipe). Le but du jeu est de marquer des points en envoyant le volant par-dessus le filet de manière que l'adversaire ne puisse le retourner. Le volant ne doit pas toucher le sol. Le premier joueur (ou la première équipe) à marquer 15 points remporte le match. Le badminton est un sport olympique.

Équipement

Volant

Un volant de compétition est composé de 14 à 16 plumes d'oie, insérées et collées dans la tête en liège. Un plomb ou une vis y est parfois ajouté pour le rendre plus facile à frapper et pour stabiliser les trajectoires. Les volants utilisés dans des matchs amicaux peuvent être faits de nylon et d'une tête de liège.

Volant de plumes

Volant synthétique

Raquette

Elle est composée de matériaux légers et résistants comme le titane, le graphite ou l'aluminium. Les cordages sont généralement en nylon.

Court

L'aire de jeu mesure environ 12 m sur 5 m (13,5 m sur 6 m pour les parties en double).

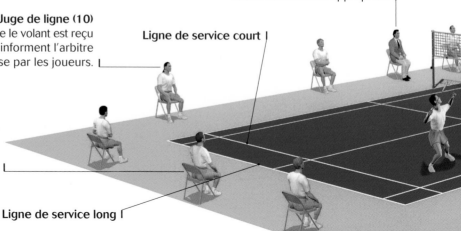

Juge de service
Il surveille l'exécution du service : position du joueur, feintes interdites, réception du volant dans la zone appropriée.

Juge de ligne (10)
Les juges de ligne vérifient que le volant est reçu dans les limites du terrain et informent l'arbitre de toute faute commise par les joueurs.

Ligne de service court

Arbitre
À l'aide des juges de ligne et du juge de service, il veille au bon déroulement du match. Ses décisions sont sans appel.

Ligne de service long

Technique et tactiques

En simple, les joueurs tentent de surprendre l'adversaire en sautant, en se déplaçant rapidement ou en frappant le volant avec force. En double, les coéquipiers cherchent à amener graduellement l'autre équipe en position difficile : ils masquent les coups jusqu'au dernier moment de façon à empêcher l'adversaire de prévoir la trajectoire du volant.

Service

Les services doivent être frappés en dessous de la taille. Très utilisé, le service long retombe près de la ligne de service long : il repousse l'adversaire au fond du terrain, ce qui laisse plus de temps au serveur pour se préparer au retour.

Smash

Dans un smash, la vitesse de départ du volant peut dépasser 200 km/h, mais elle diminue rapidement. C'est le coup d'attaque le plus puissant. On le frappe sur des volants hauts, pour les rabattre au sol dans une trajectoire courte.

Filet

La dimension des mailles est déterminée de façon à empêcher que le volant passe au travers.

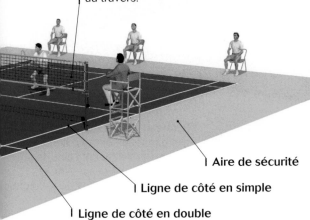

Aire de sécurité

Ligne de côté en simple

Ligne de côté en double

Dégagé

Surtout réalisé en coup droit (avec la paume de la main tournée dans la direction du mouvement), il part profondément dans le court adverse. En défense, il ralentit le jeu et donne le temps de reprendre une bonne position. Frappé fort, il devient un coup d'attaque, débordant l'adversaire par le haut.

Tennis de table

Le tennis de table est un sport de raquette rapide joué sur une table divisée par un filet bas. Les joueurs se renvoient la balle par-dessus le filet au moyen de petites raquettes de bois. Le but du jeu est de marquer des points en relançant la balle sur la partie de table de l'adversaire de manière qu'il ne puisse la retourner. Le tennis de table est un sport olympique et se joue en simple (deux joueurs), en double (deux équipes de deux) et en double mixte (un homme et une femme par équipe).

Équipement

Balle
Elle est creuse et en celluloïd (un type de plastique). Elle a un diamètre de 38 mm et pèse 2,5 g.

Raquette
Elle est faite de bois. La partie large et plate, qu'on appelle la palette, est couverte des deux côtés d'un revêtement de mousse et caoutchouc.

Table

Elle mesure 2,74 m sur 1,525 m et a une hauteur de 76 cm. La hauteur du filet est de 15,25 cm. Les tables sont généralement peintes en vert foncé.

Arbitre adjoint
Il affiche les points annoncés par l'arbitre, signale les balles irrégulières (frappant le côté de la table qui lui fait face) et peut déclarer illégal un service. Si une balle de service touche le filet avant de toucher le camp adverse, le service doit être recommencé.

Sol
Il doit être en bois ou en matière synthétique non réfléchissante. Un sol réfléchissant empêcherait les joueurs de bien repérer la balle.

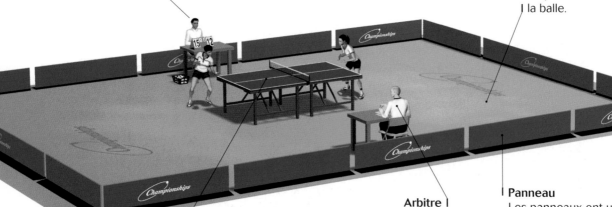

Ligne médiane
Elle ne sert qu'en double, quand le service doit se faire en diagonale.

Arbitre
Il veille au bon déroulement du match, annonce les points et sanctionne les balles irrégulières.

Panneau
Les panneaux ont une hauteur de 76 cm. Ils délimitent l'aire de jeu, qui mesure 14 m sur 7 m, et empêchent les balles de s'éloigner en roulant.

Tennis de table

Déroulement d'un match

Les joueurs doivent relancer la balle, après un seul rebond dans leur camp, sur la partie de table de leur adversaire. Ils gagnent un point si l'adversaire ne peut retourner la balle ou si elle est jouée avant le premier rebond ou après un deuxième rebond. Les joueurs servent cinq fois de suite, à tour de rôle. En double, les joueurs se succèdent au service et, pendant les échanges, les membres d'une équipe jouent la balle à tour de rôle, peu importe où elle rebondit sur la table. Le premier joueur (ou la première équipe) à marquer 21 points remporte la manche. En général, le premier à gagner deux manches sur trois avec au moins deux points d'avance remporte le match.

Effets

Coup droit (topspin)
Coup d'attaque par excellence, il est utilisé pendant l'échange, ou en retour de service, pour renvoyer les balles longues. Dans un coup droit, la paume de la main fait face à la balle.

Prises de raquette

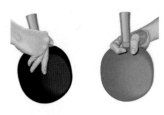

Prise en porte-plume
Elle est parfaite pour un jeu offensif. Elle présente toutefois des difficultés lorsque le joueur effectue un revers et doit étirer le bras pour amener la raquette de l'autre côté de son corps.

Prise classique
C'est la plus fréquente. Elle permet de jouer aussi bien en attaque qu'en défense.

Rotations latérales (sidespin)
Elles ont pour effet de dévier fortement la trajectoire de la balle dans le but de la rendre difficile à récupérer par l'adversaire.

Revers (topspin)
La balle redescend plus vite et accélère vers l'avant après le rebond. Sur la raquette adverse, elle a tendance à monter. Dans un revers, l'arrière de la main fait face à la balle.

Squash

Le squash est un sport de raquette joué avec une petite balle en caoutchouc dans un court fermé sur les quatre côtés. Deux joueurs (simple) ou deux équipes de deux joueurs (double) frappent tour à tour la balle et la font rebondir sur les murs, le sol et même le plafond. Des lignes indiquent les endroits du court où la balle doit être servie et où elle doit rebondir après un service. Les joueurs n'ont pas de côté respectif sur le court ; ils partagent la même aire de jeu. Le but du jeu est de marquer des points en frappant la balle de manière que l'adversaire ne puisse pas la retourner ou qu'il la fasse rebondir deux fois. Ce sport est pratiqué autant par les hommes que par les femmes.

Court

L'aire de jeu mesure environ 9,75 m sur 6,4 m (9,75 m sur 7,6 m pour les parties en double).

Marqueur
Il contrôle le jeu, signale les fautes et annonce le pointage.

Arbitre
Il prend les décisions relatives aux violations de règlements et au pointage, et veille à ce qu'elles soient équitables.

Service
La balle, lancée en l'air, est frappée avec la raquette. Après avoir rebondi sur le mur frontal, elle doit franchir la ligne de service au sol, au milieu du court, puis rebondir dans la partie arrière du court opposée à celle du serveur. Il y a peu de services gagnants : l'objectif est de mettre la balle en jeu et d'obliger l'adversaire à faire un retour défensif.

Squash

Déroulement d'une compétition

Un retour est valide si la balle touche le mur frontal avant d'avoir rebondi au sol. Le nombre de rebonds sur les murs latéraux et le mur arrière n'est pas limité. Un match se joue en 5 jeux comptant chacun 9 points. Seul le serveur peut marquer un point. Si le serveur ne peut retourner la balle ou la laisse rebondir deux fois, le receveur devient serveur. Les tournois professionnels sont disputés en jeux de 15 points. Dans ces tournois, le joueur qui gagne l'échange marque le point immédiatement, qu'il soit serveur ou receveur.

Ligne de service
Elle signale la limite inférieure de la zone de service, où la balle doit d'abord rebondir au cours d'un service.

Lignes de limites
Elles délimitent les zones où la balle est hors des limites.

Mur frontal

Ligne de service au sol

Carré de service (2)
Les joueurs servent alternativement d'un carré et de l'autre. Tant que le joueur n'a pas frappé la balle, l'un de ses pieds doit rester en contact avec le sol à l'intérieur du carré, sans toucher les lignes.

Équipement

Lunettes
Les joueurs peuvent porter des lunettes de plastique pour protéger leurs yeux.

Balles
Les balles sont en caoutchouc noir rigide et contiennent de l'air. Leur diamètre mesure entre 38 mm et 44 mm et elles pèsent environ 24 g.

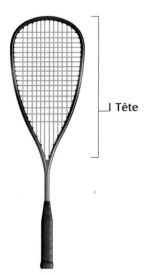

Tête

Raquette
Elle mesure moins de 68,6 cm et pèse approximativement 142 g. La largeur de la tête est d'environ 21,5 cm. Le cadre et le manche sont faits d'une combinaison de matériaux synthétiques comme le graphite. Les cordages, résistants et élastiques, sont aussi synthétiques.

Racquetball

Jeu similaire au squash, le racquetball se pratique dans un espace clos rectangulaire. Les joueurs se servent de raquettes à manche court et à cadre large pour faire rebondir une petite balle de caoutchouc sur les murs, le sol et le plafond du court. Le but du jeu est de servir ou de retourner la balle de façon que l'adversaire soit incapable de la retourner correctement. Les joueurs frappent la balle tour à tour. Elle doit être frappée avant son deuxième rebond au sol et doit toucher le mur frontal avant le sol. On peut jouer au racquetball en simple (deux joueurs) ou en double (deux équipes de deux joueurs). Les hommes et les femmes pratiquent ce sport qui est officiellement reconnu par le Comité international olympique comme un sport en développement.

Déroulement d'un match

Le match se joue en deux manches de 15 points. En cas d'égalité, une troisième manche décisive de 11 points détermine le vainqueur. Un point est marqué si le receveur ne peut renvoyer la balle. Seul le serveur peut marquer un point. Si le receveur gagne l'échange, il devient serveur.

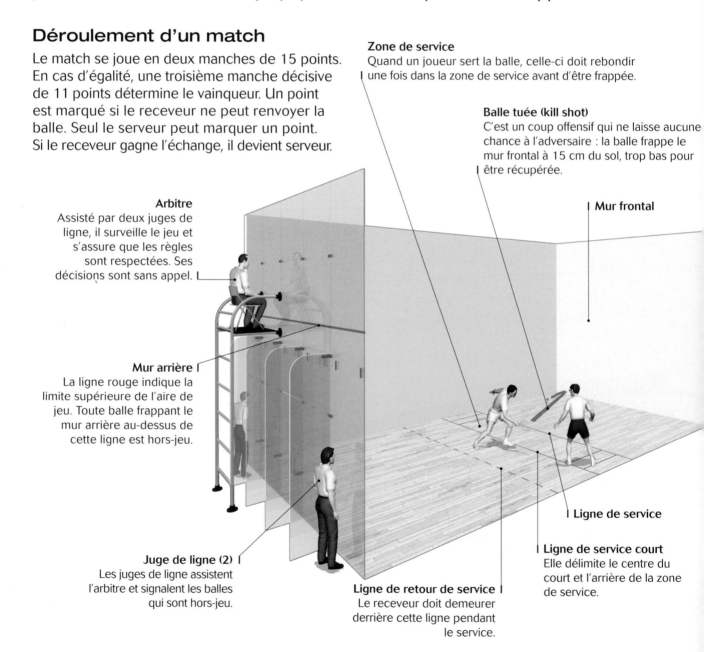

Zone de service
Quand un joueur sert la balle, celle-ci doit rebondir une fois dans la zone de service avant d'être frappée.

Balle tuée (kill shot)
C'est un coup offensif qui ne laisse aucune chance à l'adversaire : la balle frappe le mur frontal à 15 cm du sol, trop bas pour être récupérée.

Mur frontal

Arbitre
Assisté par deux juges de ligne, il surveille le jeu et s'assure que les règles sont respectées. Ses décisions sont sans appel.

Mur arrière
La ligne rouge indique la limite supérieure de l'aire de jeu. Toute balle frappant le mur arrière au-dessus de cette ligne est hors-jeu.

Juge de ligne (2)
Les juges de ligne assistent l'arbitre et signalent les balles qui sont hors-jeu.

Ligne de retour de service
Le receveur doit demeurer derrière cette ligne pendant le service.

Ligne de service

Ligne de service court
Elle délimite le centre du court et l'arrière de la zone de service.

Sports de combat

Karaté

Judo

Taekwondo

Escrime

Luttes gréco-romaine et libre

Boxe

Karaté

Le karaté est un art martial japonais qui allie des techniques de combat et d'autodéfense. Le conditionnement physique et spirituel sont essentiels au karatéka. Le karaté utilise toutes les armes naturelles du corps humain : mains, coudes, bras, pieds, genoux, tête. Les épreuves prennent plusieurs formes. Dans les démonstrations de tameshi wari, les athlètes cassent des planches de bois, des dalles de ciment et des blocs de glace à l'aide de leurs mains ou de leurs pieds. Au cours des démonstrations de katas, les concurrents présentent des mouvements de combat chorégraphiés contre des attaquants imaginaires. Les épreuves de shiaï ou kumite sont des combats entre deux athlètes. Le karaté se pratique dans une classe appelée dojo (lieu de la Voie). L'entraînement commence souvent dès l'enfance, et il faut des années pour maîtriser les techniques. Cet art martial exige une grande souplesse, de la force et de la vitesse. Plus de 70 styles de karaté sont pratiqués et les hommes comme les femmes participent à des épreuves internationales.

Table d'honneur
Des hauts gradés assistent à la compétition. Ils ont le pouvoir de renverser la décision des arbitres.

Arbitre en chef
Il supervise le combat, accorde les points et distribue les avertissements et les pénalités. Il annonce toutes les décisions, ainsi que le début et la fin du combat.

Aire de compétition

Les compétitions se déroulent à même le sol ou sur un matelas. L'aire de compétition mesure environ 8 m sur 8 m.

Officiels
De trois à sept officiels observent la compétition et veillent à l'application de la réglementation.

Karaté

Déroulement d'une compétition

Pendant les démonstrations de katas, le karatéka est évalué par les juges en fonction des points suivants : précision technique, respiration, puissance, coordination, rythme, équilibre et concentration. Les compétitions sont individuelles ou par équipes. Dans le cas de ces dernières, les karatékas s'exécutent simultanément dans le plus grand synchronisme possible.

Un coup de karaté peut blesser gravement ou tuer un adversaire. Dans les compétitions de combat, les participants font généralement la démonstration de leurs techniques de combat sans que leurs coups atteignent le corps de leur adversaire. Toutefois, certains styles de combat permettent quelques contacts. Les athlètes marquent des points, appelés ippons, s'ils réussissent à appliquer une technique parfaitement contrôlée alliant exactitude de la position, précision et rythme. Le premier karatéka qui marque deux ippons est le vainqueur.

Technique

Quel que soit le style de karaté, les katas commencent toujours par un mouvement de défense suivi d'une contre-attaque. Viennent ensuite plusieurs séquences alternant défense et attaque dans diverses directions.

Système des grades du style Shotokan	
Grade	Couleur de la ceinture
9e à 6e kyu (débutant)	blanche
5e kyu	jaune
4e kyu	orange
3e kyu	verte
2e kyu	bleue
1er kyu	marron
1er à 8e dan (avancé)	noire
9e et 10e dans	rouge

Grades
Les athlètes passent d'un grade à un autre à mesure que leur connaissance et leur maîtrise des techniques s'améliorent. Il faut compter plusieurs années pour atteindre les grades supérieurs. Le style Shotokan moderne comporte un système de grades où les karatékas portent des ceintures de diverses couleurs témoignant du niveau qu'ils ont atteint. Les débutants portent une ceinture blanche et les athlètes les plus avancés une ceinture rouge. Les grades élémentaires sont appelés kyus et les niveaux plus avancés sont appelés dans.

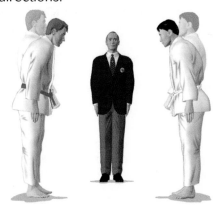

Salut
Les adversaires se saluent avant le début du combat. Sans se quitter des yeux, ils doivent maintenir un écart d'environ un mètre entre eux jusqu'à ce que l'arbitre annonce le début du combat.

Juge de coin (4)
Les juges de coin assistent l'arbitre. Chacun d'eux a un drapeau rouge et un blanc qui représentent les concurrents. Pour être facilement repérables durant la compétition, ceux-ci portent une ceinture rouge ou une blanche (contrairement aux ceintures régulières, elles n'indiquent pas le grade des karatékas). Si un juge veut donner son avis à l'arbitre au sujet de l'un des concurrents, il se sert du drapeau approprié.

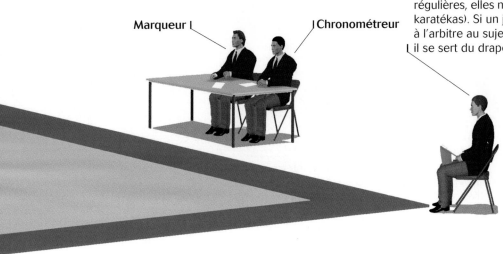

Marqueur   Chronométreur

Randori ou kumite d'entraînement

Ces enchaînements démontrent les techniques d'attaque et de défense utilisées en entraînement et au combat.

1. Coup de poing direct

L'attaquant (à gauche) lance son poing vers l'avant. Le coup est porté au moment où le pied de la jambe correspondante se pose et que la jambe arrière se tend fortement. Les épaules demeurent basses pendant tout le mouvement.

2. Coup de pied avant

Le buste de l'attaquant (à droite) reste droit et ses épaules détendues. Son poing arrière protège sa poitrine. Ses hanches participent au mouvement de sa jambe qui ne se tend qu'au moment de l'impact afin que la puissance du coup de pied soit maximale.

3. Esquive

L'adversaire (à droite) essaie de se soustraire au coup de l'attaquant. Pour esquiver le membre qui l'attaque, il doit allier souplesse et rapidité à de subtils mouvements de hanches. L'absence de choc avec le corps de l'adversaire permet de conserver plus d'énergie pour la contre-attaque.

4. Contre-attaque du tranchant externe de la main

La riposte s'applique sur un adversaire en état de déséquilibre. Une rotation énergique des hanches du défenseur (à droite) accompagne la trajectoire en arc de cercle de son bras vers l'attaquant. L'avant-bras, le poignet et la main forment un bloc solide, tandis que le bras et le coude restent décontractés. La main frappe en coup de fouet la tempe ou le cou de l'adversaire.

Heian Godan

Ce kata de base de style Shotokan consiste en un enchaînement de 23 mouvements. Il s'exécute en 50 secondes environ et doit être réalisé sans aucune hésitation. Trois des 23 mouvements sont illustrés ci-dessous.

Début du kata

Extrêmement concentré, le karatéka ne quitte jamais des yeux son adversaire imaginaire. Il fléchit les jambes pour avoir plus de stabilité et effectue un blocage avec son poignet gauche. La rotation des hanches qui accompagne le mouvement du haut de son corps augmente sa vitesse.

Phases intermédiaires

Chaque blocage est suivi d'une contre-attaque. La préparation du mouvement se fait sur l'inspiration et l'exécution sur l'expiration. Les épaules sont détendues et les abdominaux contractés pour permettre à l'athlète de maintenir son équilibre.

Fin du kata

Après avoir répondu à des attaques imaginaires venues des quatre points cardinaux, le karatéka reprend sa position de départ.

Au judo, des combattants non armés s'affrontent en projetant leur adversaire au sol. Le judoka ne s'oppose pas à la force de son adversaire, mais l'utilise plutôt afin de la retourner contre lui. Le terme judo signifie « la voie de la souplesse » en japonais. Pendant une compétition, le but est de projeter l'adversaire au sol et de l'immobiliser pendant la période prescrite. Si la projection est bien réalisée et que l'adversaire est immobilisé assez longtemps, l'attaquant se voit accorder suffisamment de points pour remporter le combat. Les athlètes sont classés selon leur poids et leur degré d'expérience. Ils doivent maîtriser certaines techniques avant de pouvoir passer au grade suivant. Le judo est un sport olympique pratiqué par les femmes et les hommes.

Déroulement d'un combat

Deux concurrents d'une même catégorie sont choisis par tirage au sort. Le perdant du combat est éliminé de la compétition, sauf s'il s'agit d'une demi-finale, auquel cas les deux concurrents s'affrontent pour la médaille de bronze. Les deux finalistes combattent pour obtenir les médailles d'or et d'argent. Pour accéder à la finale, les combattants peuvent enchaîner cinq ou six combats dans la même journée. Les judokas se saluent avant d'entrer sur le tatami et de se mettre en position. L'arbitre annonce le début du combat en prononçant le mot « Hajime ! ». Le combat prend fin lorsqu'un concurrent obtient un ippon (10 points) ou lorsque le temps limite est expiré, soit 5 minutes pour les hommes et 4 minutes pour les femmes dans les compétitions internationales. Quand il n'y a pas eu d'ippon, les points accumulés sont additionnés et le total le plus élevé détermine le vainqueur.

Aire de compétition

La surface de combat mesure environ 9 m sur 9 m. Elle est entourée d'une surface de sécurité de 3 m de large. Cette dernière protège les athlètes qui pourraient être projetés à l'extérieur de la surface de combat. La surface est recouverte de petits tapis juxtaposés, qu'on appelle tatamis. Ils sont conçus pour amortir les chutes des athlètes.

Chef de tapis
Le chef de tapis observe le combat, s'assure que l'arbitre et les juges de coin font respecter les règles et les aide à faire des jugements équitables.

Marqueurs et chronométreurs

Arbitre
Il se tient dans la zone de combat. En cas de litige, la décision finale doit être prise à l'unanimité par les deux juges et l'arbitre.

Tatami

Surface de sécurité

Juge de coin (2)

Judo

Arbitrage

Si aucun ippon n'est marqué avant la fin du temps réglementaire, les points obtenus grâce aux koka, yuko et waza-ari sont additionnés pour déterminer le vainqueur. Les koka et les yuko ne peuvent conduire, en cours de combat, à l'obtention des 10 points exigés. Cependant, l'accumulation de deux waza-ari est équivalente à un ippon (10 points) et met fin au combat.

Koka

Il y a deux façons de marquer un koka : projeter l'adversaire sur l'épaule, la cuisse ou la fesse avec force et vitesse et de façon contrôlée ; ou immobiliser l'adversaire au sol (osaekomi) pendant 10 à 14 secondes. Un koka vaut 3 points.

Yuko

Projection contrôlée réalisée avec une technique à laquelle manquent partiellement deux des trois autres éléments nécessaires à l'obtention d'un ippon (chute sur le dos, force, vitesse) ou immobilisation au sol (osaekomi) pendant 15 à 19 secondes. Un yuko vaut 5 points.

Waza-ari

Projection de l'adversaire par une technique à laquelle manque partiellement un des quatre éléments nécessaires à l'obtention d'un ippon (chute sur le dos, contrôle, force, vitesse) ou immobilisation au sol (osaekomi) pendant 20 à 24 secondes. Un waza-ari vaut 7 points.

Équipement

Judogi

Pour les compétitions internationales, le judogi se compose d'une veste et d'un pantalon de coton blancs ou bleus. Le premier participant choisi porte un judogi bleu, et le deuxième un blanc. Le judogi est conçu de façon à permettre aux participants de l'agripper correctement pour projeter l'adversaire au sol. Les femmes portent un t-shirt ou un justaucorps blanc sous la veste. Les concurrents sont pieds nus.

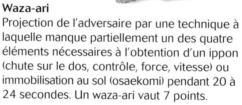

Ippon

Il y a trois façons de marquer un ippon : projeter avec contrôle, force et vitesse l'adversaire, qui doit tomber sur le dos ; l'amener à abandonner à la suite d'une clé de bras ou d'un étranglement ; l'immobiliser au sol (osaekomi) pendant 25 secondes. Un ippon vaut 10 points.

Fautes

Quand un compétiteur se voit attribuer une pénalité, son adversaire récolte le nombre de points correspondants. Le judoka qui commet plus d'une faute de même niveau reçoit une pénalité d'une catégorie supérieure. Parmi les fautes sanctionnées par les officiels, on trouve la sortie volontaire du tatami, un comportement trop défensif, une fausse attaque, les coups portés, la chute volontaire au sol et la désobéissance au juge. Toute action posée avec l'intention de blesser l'adversaire est interdite.

Techniques et tactiques

Le concurrent cherche à prendre l'avantage en début d'affrontement et à poursuivre l'attaque tout en contrôlant le rythme et le déroulement du combat. Il essaie de mettre à profit la moindre erreur de son adversaire pour le déséquilibrer et contre-attaquer. Le judoka étudie le style de ses opposants avant les affrontements pour pouvoir anticiper leur stratégie. Avec son entraîneur, il prépare de deux à cinq mouvements spéciaux conçus en fonction de sa morphologie et de ses habiletés. Ceux-ci lui permettront d'avoir un avantage sur son adversaire pendant le combat.

Grade	Couleur de la ceinture
6e kyu (débutant)	blanche
5e kyu	jaune
4e kyu	orange
3e kyu	verte
2e kyu	bleue
1er kyu	marron
1er à 5e dan (avancé)	noire
6e à 8e dan	blanche et rouge
9e et 10e dans	rouge

Projection et liaison debout — Sol

1. Garde
Le concurrent cherche à agripper rapidement son adversaire. Par le déplacement ou la feinte, il veut le faire réagir et le déstabiliser avant de l'attaquer, tout en évitant de lui présenter un angle favorable à une prise de contrôle.

2. Saisie
L'avantage est pris par le judoka qui arrive à réaliser une saisie (kumi kata). L'action des bras doit être courte et vigoureuse. Il y a un blocage ferme des poignets.

3. Placement
Le combattant saisi tente de s'échapper du kumi kata alors que l'attaquant prépare la projection qui suivra. Ce dernier assure sa prise, replace ses pieds et rectifie sa position pour qu'elle soit le plus stable possible afin de parvenir à projeter l'adversaire sans perte de contrôle.

4. Projection
Après avoir déséquilibré son adversaire, le rendant ainsi incapable de se défendre, l'attaquant le projette sur le dos avec puissance et contrôle. Le combattant projeté essaie de se tourner sur le ventre, de se mettre en boule ou de se placer à quatre pattes.

5. Immobilisation
L'attaquant accentue la pression sur le corps de son adversaire, particulièrement sur les épaules. En effectuant l'immobilisation, l'attaquant ne doit pas se servir de ses jambes.

Taekwondo

Le taekwondo est un art d'autodéfense et de combat non armé coréen. Le terme taekwondo signifie «voie du poing et du pied». Ce sport est caractérisé par une action rapide et spectaculaire où la plupart des coups sont portés avec les pieds. Il demande force, endurance et vitesse. Au cours de l'entraînement, les athlètes testent leur force par le biais du bris d'objets. Il existe deux types de compétitions de taekwondo : la démonstration de formes ou poom-se, qui est un enchaînement de techniques exécutées face à un ou à plusieurs adversaires imaginaires ; et le combat ou kyoruki entre deux adversaires. Ceux-ci tentent de marquer le plus de points dans le cadre du temps prescrit en visant des zones cibles du corps de l'opposant. Seul le kyoruki fait l'objet de compétitions internationales. Les hommes et les femmes participent aux championnats du monde de taekwondo, qui est également un sport olympique.

Équipement

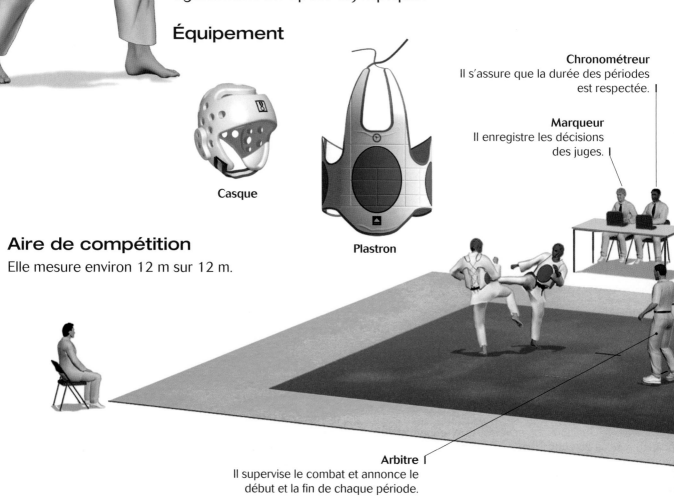

Casque

Plastron

Chronométreur
Il s'assure que la durée des périodes est respectée.

Marqueur
Il enregistre les décisions des juges.

Aire de compétition

Elle mesure environ 12 m sur 12 m.

Arbitre
Il supervise le combat et annonce le début et la fin de chaque période.

Taekwondo

Déroulement d'un combat

Pendant un kyoruki, ou taekwondo de combat, un tirage au sort détermine quels concurrents vont s'affronter, de façon individuelle ou en équipe. Un kyoruki compte trois périodes de trois minutes. Les concurrents marquent un point en portant un coup de pied ou un coup de poing à un endroit précis de la poitrine de l'adversaire ou en lui portant un coup de pied au visage. Des avertissements ou des déductions de points sanctionnent les infractions : attaques de la main et du pied au-dessous de la taille, attaques dans le dos ou derrière la tête, frappes du genou ou de la tête, immobilisation, coups de poing au visage. Le vainqueur est celui qui a marqué le plus de points à la fin des trois périodes. Dans le cas des compétitions en équipe, le total des victoires remportées par les membres d'une équipe dans des combats individuels détermine l'équipe gagnante. S'il y a égalité, l'arbitre rend une décision en faveur du combattant dont la qualité de la performance a été jugée la meilleure.

Technique

Le combattant doit être en mesure d'attaquer et de se défendre aussi bien au sol que dans les airs et dans n'importe quelle position.

Coup de pied sauté circulaire
Le défenseur s'élance dans les airs et tente un coup de pied sauté circulaire à la tête. La puissance de ce coup part d'abord des hanches et n'atteint sa force maximale que lorsque la jambe est complètement étendue.

Coup de pied aux côtes
L'assaillant s'apprête à donner un coup de pied. Un mouvement détendu et la rotation des hanches permettent une puissance maximale. De son côté, le défenseur commence à sauter pour esquiver le coup.

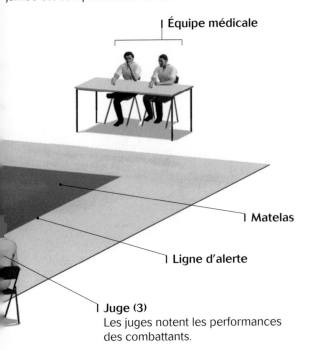

Équipe médicale

Matelas

Ligne d'alerte

Juge (3)
Les juges notent les performances des combattants.

Niveau du combattant	Couleur de la ceinture
10e keup (débutant)	blanche
9e keup	blanche à rayures jaunes
8e keup	jaune
7e keup	jaune à rayures vertes
6e keup	verte
5e keup	verte à rayures bleues
4e keup	bleue
3e keup	bleue à rayures rouges
2e keup	rouge
1er keup	rouge à rayures noires
1er à 10e dan (avancé)	noire à rayures or

Les grades
La démonstration de l'acquisition d'habiletés techniques permet de monter en grade, ce que symbolisent les différentes couleurs de ceinture. On trouve également une bande noire sur le col du dobuk de l'athlète ceinture noire.

Escrime

L'escrime est un sport de combat élégant dans lequel deux hommes ou deux femmes s'affrontent au moyen d'un fleuret, d'une épée ou d'un sabre. Les combats se déroulent sur une piste rectangulaire. Le but est de toucher le corps de l'adversaire avec la pointe de l'arme, pendant que le défenseur tente d'esquiver le coup et de contre-attaquer. Les combattants marquent un point pour chaque touche. Le premier à compter 15 touches est le vainqueur. Dans ce sport, la concentration est aussi importante que la force. En plus de bien maîtriser les techniques et d'avoir d'excellents réflexes, les escrimeurs doivent être capables de découvrir les faiblesses de leur adversaire et de planifier leurs attaques en conséquence. Comme dans la boxe, des jeux de jambes adroits permettent au combattant de se placer rapidement dans la position d'attaque idéale et d'esquiver ou de bloquer les attaques de son adversaire. L'escrime est un sport olympique.

Piste

Elle mesure environ 14 m de longueur sur 1,5 à 2 m de largeur.

Tenue d'escrime

Les principales pièces de la tenue sont faites de Kevlar^{MD} , une matière souple et résistante qui protège l'escrimeur et empêche qu'il soit blessé par l'arme de son adversaire. Les escrimeurs portent des vestes électriques par-dessus leur tenue pour indiquer les touches valables et permettre qu'elles soient enregistrées.

Système électrique de signalisation des touches

Il détermine avec précision le nombre de coups portés et l'endroit où ils sont portés. L'escrimeur et son arme sont reliés à un tableau d'affichage au moyen d'un fil électrique. Lorsque l'arme entre en contact avec la tenue de l'adversaire, une lampe s'allume. Une lampe rouge ou verte (selon l'escrimeur touché) indique un coup valable, qui permet de compter des points. Une lampe blanche signale un coup non valable, qui ne donne aucun point.

Chronométreurs

Ils s'assurent que la durée des manches est respectée et enregistrent les touches.

Juge de terrain (2)

Il vérifie si les escrimeurs effectuent des touches hors-piste et assiste le président du jury.

Piste surélevée

Dans les grandes compétitions, elle permet une meilleure vue d'ensemble aux spectateurs et aux médias. La hauteur des pistes peut varier.

Président du jury
Il arbitre le combat.

Déplacements

La marche avant et la marche arrière sont les mouvements de base à l'escrime pour la partie inférieure du corps. Dans les deux cas, le corps reste d'aplomb et les jambes demeurent fléchies.

Salut
C'est un geste courtois et traditionnel. Il est effectué à visage découvert, avant et après chaque combat. Il s'adresse à l'adversaire, au président du jury, au jury et au public.

Fleuret

Il mesure environ 1 m et pèse moins de 500 g. Les coups sont portés uniquement avec la pointe.

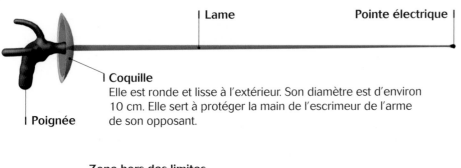

| Lame | Pointe électrique |

Coquille
Elle est ronde et lisse à l'extérieur. Son diamètre est d'environ 10 cm. Elle sert à protéger la main de l'escrimeur de l'arme de son opposant.

Poignée

Équipement

Masque
Il est traditionnellement composé d'un treillis métallique de fils minces afin de protéger la tête de l'escrimeur au cours du combat. Il est également pourvu d'une bavette qui assure la protection du cou.

Gants
Ils sont légèrement rembourrés et recouvrent une partie de l'avant-bras.

Fil de corps
Le fil de corps relie l'escrimeur au système de signalisation des touches. Prenant son point de départ à l'enrouleur, le fil agrafé à l'arrière de la veste passe à l'intérieur de celle-ci et de la manche, puis traverse le gant pour aller se brancher à la prise intérieure de la coquille de l'arme.

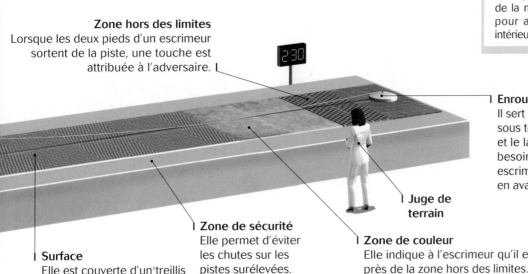

Zone hors des limites
Lorsque les deux pieds d'un escrimeur sortent de la piste, une touche est attribuée à l'adversaire.

Enrouleur
Il sert à maintenir le fil électrique sous tension constante, l'enroulant et le laissant se dérouler au besoin. Cela empêche que les escrimeurs trébuchent sur leur fil en avançant ou en reculant.

Juge de terrain

Zone de sécurité
Elle permet d'éviter les chutes sur les pistes surélevées.

Zone de couleur
Elle indique à l'escrimeur qu'il est près de la zone hors des limites.

Surface
Elle est couverte d'un treillis métallique antidérapant.

Escrime

Technique

L'attaque et la défense sont les deux techniques de base utilisées en escrime.
Elles commencent toujours par la même position de garde : genoux fléchis,
bras arrière replié vers le haut et bras armé tendu vers l'adversaire.

Attaque

C'est un coup porté à l'adversaire qui se déroule en un seul temps. Le bras est allongé
et le mouvement est souvent accompagné d'un saut vers l'avant, appelé flèche.

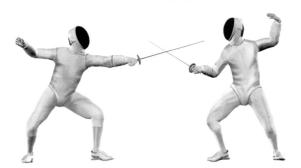

Parade

La parade (accomplie ici par l'escrimeur de droite) est une
action essentiellement défensive qui peut être effectuée de
plusieurs façons. Elle consiste à détourner ou écarter avec
son arme le fer adverse.

Riposte

La riposte (accomplie ici par l'escrimeur de gauche) est un
coup porté après la parade. Elle peut être effectuée de
diverses façons, exécutée de pied ferme ou coordonnée
avec un déplacement.

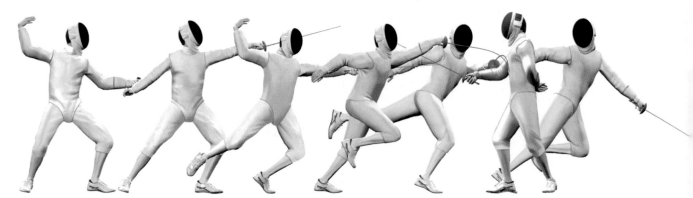

Flèche

C'est une technique d'attaque rapide et spectaculaire où l'attaquant tente de marquer une touche en s'élançant
vers l'avant. Le bras armé est tendu pendant que l'escrimeur se propulse vers l'adversaire au moyen de sa jambe
avant. La pointe de son arme doit atteindre l'adversaire avant que son pied ne touche le sol.

Luttes gréco-romaine et libre

La lutte est un sport de combat à mains nues dans lequel deux adversaires essaient mutuellement de se faire tomber et de se plaquer les épaules au sol au moyen de prises et de techniques. Les matchs de lutte gréco-romaine et de lutte libre se déroulent dans une aire de combat constituée d'un tapis carré marqué d'un cercle à l'intérieur. Le but du combat est de plaquer l'adversaire au sol à l'intérieur du cercle et d'y maintenir ses épaules pendant une durée suffisante pour que l'arbitre constate le contrôle total de la touche (tombé). La lutte est un sport qui exige de la souplesse et de l'équilibre, et surtout de la force. Les athlètes doivent faire appel à tous leurs muscles pour effectuer les différentes prises et réussir des tombés. Les luttes gréco-romaine et libre sont des sports olympiques uniquement masculins. Cependant, les femmes aussi bien que les hommes pratiquent la lutte libre professionnelle et ont leur championnat du monde.

Aire de compétition

Chef de tapis
C'est lui qui tranche en cas de désaccord entre l'arbitre et le juge. Il peut également interrompre le combat.

Arbitre
Il travaille en collaboration étroite avec le juge. Il porte une manchette bleue et une rouge qui correspondent à la couleur des maillots des lutteurs. Il lève le bras approprié pour indiquer avec ses doigts le nombre de points accordés à un lutteur. Le juge doit alors confirmer le pointage.

Juge
Il suit attentivement le match et attribue les points pour chaque action qu'il doit consigner sur son bulletin de pointage. Le juge et le chef de tapis s'occupent tous deux de confirmer le pointage.

Zone de passivité
Il s'agit d'une zone neutre qui sert principalement à rappeler aux lutteurs qu'ils sont près de la limite de la surface de lutte.

Surface de protection
Le combat est interrompu si un lutteur touche accidentellement à cette surface de l'une des façons suivantes : en y plaçant un pied lorsqu'il est debout ; en y touchant des deux mains pendant qu'il est à genoux ; en y touchant avec sa tête pendant qu'il est à plat ventre.

Surface centrale de lutte
Au début du combat, les lutteurs doivent se placer de chaque côté du cercle blanc au centre de la surface de lutte.

Luttes gréco-romaine et libre

Déroulement d'un combat

Un match olympique de lutte gréco-romaine ou de lutte libre se compose de deux périodes de 3 minutes avec une pause de 30 secondes entre les deux. Les adversaires se placent dans le coin du tapis portant la couleur du maillot qui leur a été attribué (rouge ou bleu). L'arbitre vérifie les mains des lutteurs pour s'assurer qu'ils ne dissimulent aucun objet qui pourrait blesser leur adversaire. Les lutteurs doivent avoir un mouchoir pour essuyer la sueur. Ils ne doivent pas être en état de sudation ni être enduits d'un quelconque produit gras ou collant, car cela empêcherait leur adversaire d'effectuer des prises. Les adversaires se saluent et se serrent la main avant le début du combat, signalé par un coup de sifflet de l'arbitre. En lutte gréco-romaine, contrairement à la lutte libre, seules les prises portées au-dessus des hanches sont permises, et il est formellement interdit d'utiliser ses jambes dans l'exécution de toute action. Le combat prend fin lorsqu'un des adversaires est maintenu au sol par les épaules suffisamment longtemps pour que le juge constate un tombé.

Position de départ

Garde haute
En lutte gréco-romaine, le combat commence par une garde haute.

Garde basse
En lutte libre, le combat commence par une garde basse afin de protéger les jambes. Après la position de garde, le combat commence debout par un assaut d'adresse où chaque lutteur tente de contrôler son adversaire en vue de le déséquilibrer et de le renverser.

Technique

Il existe deux types de prises en lutte gréco-romaine : les prises debout, où les deux athlètes sont debout au début de la prise ; et les prises au tapis, où au moins l'un des deux athlètes se trouve au sol. La lutte libre utilise les mêmes prises auxquelles s'ajoutent les prises de jambes, où les athlètes se servent de leurs jambes pour immobiliser leur adversaire.

Double ramassement de jambes (prise de jambes)

1. L'attaquant se baisse pour saisir les jambes de l'adversaire.

2. Avec un genou à terre, il ceinture les cuisses de l'adversaire et commence à le soulever.

3. Les deux genoux touchant terre, il déséquilibre son adversaire et le fait passer par-dessus son épaule.

Luttes gréco-romaine et libre

Ceinture de côté en pont (prise au tapis)

1. L'attaquant se place derrière son adversaire.

2. Il le ceinture par-derrière et place son genou sur un côté.

3. Il tire l'adversaire vers lui en passant un genou sous son corps.

4. L'attaquant se détend alors avec force en poussant avec les hanches en avant et vers le haut.

5. Il fait ensuite le pont en pivotant de côté avec le lutteur attaqué pour lui plaquer les épaules au sol.

Tour de hanche et tête (prise debout)

1. Dans cette prise, l'attaquant prend le bras droit de l'adversaire sous son aisselle gauche en lui saisissant fermement la tête avec son bras droit.

2. En pivotant, l'attaquant effectue une projection vers l'avant ; il déséquilibre son adversaire et le fait tomber d'un coup de hanche.

3. Il accompagne alors son adversaire au sol où ce dernier se retrouve en position de tombé.

Cuisse à rebours (prise au tapis)

1. Le lutteur du dessus saisit fermement les hanches de son adversaire en ramassant à rebours la cuisse du côté éloigné.

2. Il soulève ensuite le corps de l'adversaire vers lui en plaçant sa jambe droite repliée dessous et en faisant porter tout le poids sur elle.

3. Une fois redressé, l'attaquant effectue une projection énergique vers l'arrière en renversant son adversaire.

4. L'attaquant pivote, repose un pied à terre et retourne son adversaire vers le tapis avant de retomber sur lui.

5. L'attaquant n'a plus qu'à immobiliser son adversaire en lui plaquant les épaules au sol.

Boxe

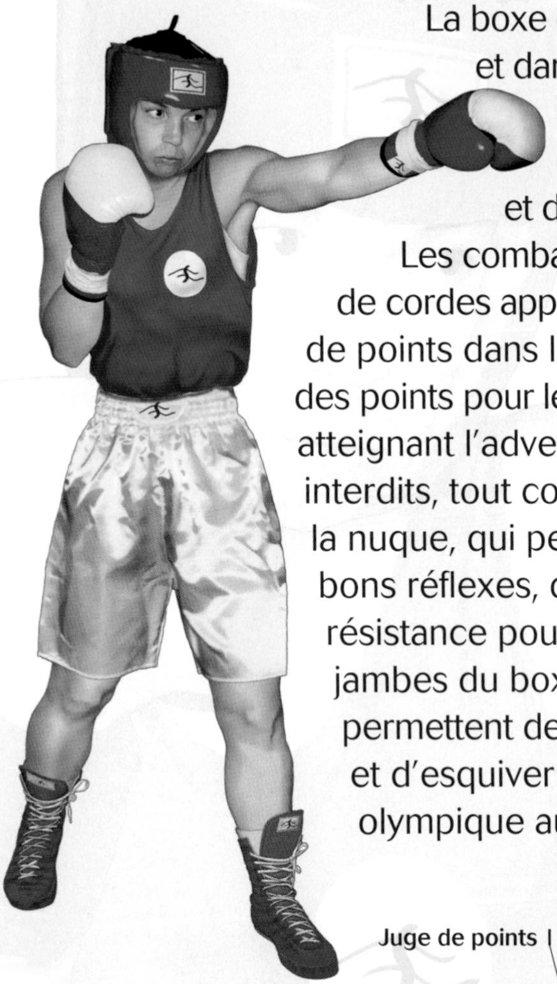

La boxe est un sport de combat alliant adresse et résistance, et dans lequel deux adversaires se frappent en se servant uniquement de leurs poings. Les boxeurs portent des gants rembourrés pour protéger leurs mains et diminuer les blessures infligées à leurs adversaires. Les combats se déroulent sur une plate-forme carrée entourée de cordes appelée ring. Le but d'un match est d'accumuler le plus de points dans la limite de temps prescrite. Les boxeurs gagnent des points pour leur technique de combat et pour le nombre de coups atteignant l'adversaire. Les coups au-dessous de la ceinture sont interdits, tout comme les coups au dos, à l'arrière de la tête ou à la nuque, qui peuvent entraîner des pénalités. En boxe, il faut de bons réflexes, de la force pour pouvoir porter des coups et de la résistance pour supporter les coups de l'adversaire. Les jeux de jambes du boxeur sont aussi importants que ses poings. Ils lui permettent de prendre rapidement une bonne position d'attaque et d'esquiver les coups de l'adversaire. La boxe est un sport olympique aussi bien que professionnel.

Ring

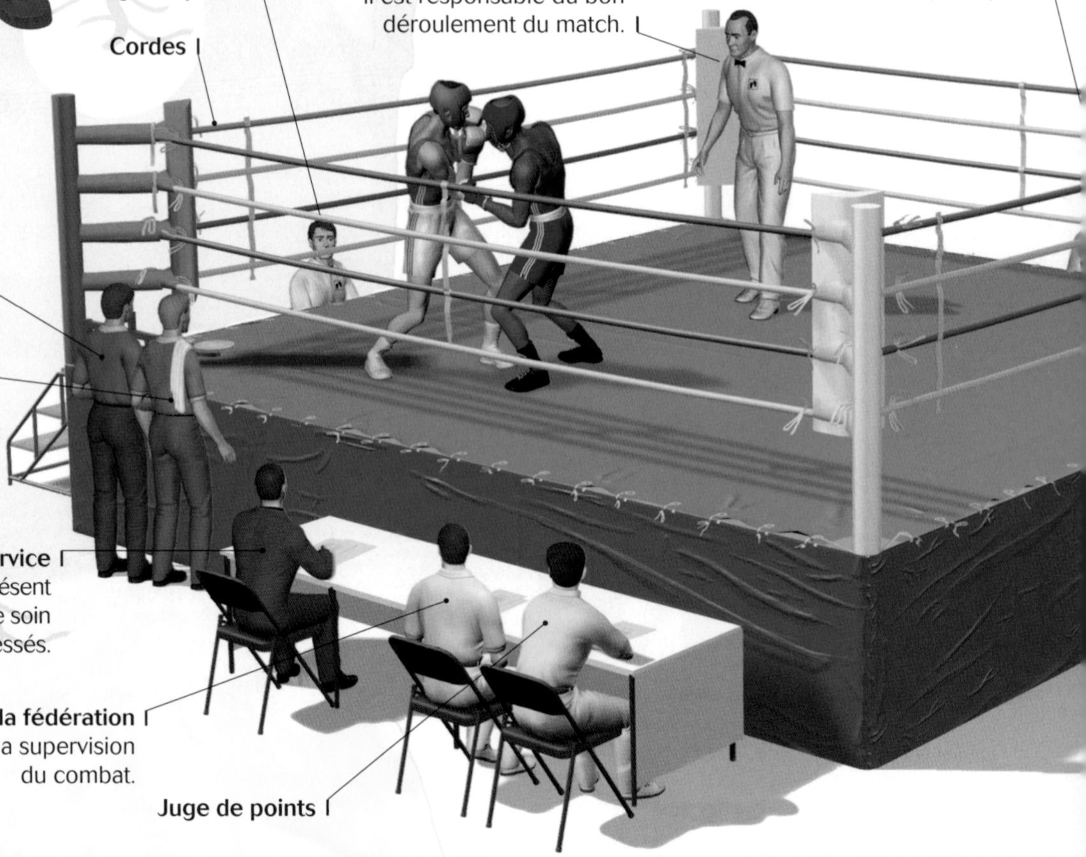

Chronométreur
Il est responsable du gong dont les coups marquent le début et la fin de chaque reprise.

Arbitre
Il est responsable du bon déroulement du match.

Juge de points

Cordes

Entraîneur

Soigneur

Médecin de service
Un médecin est toujours présent à un combat pour prendre soin des boxeurs blessés.

Délégué de la fédération
Il est chargé de la supervision du combat.

Juge de points

196

Déroulement d'un combat

Un combat de boxe est divisé en reprises, séparées par un intervalle d'une minute de repos. Chez les professionnels, il peut y avoir entre quatre et douze reprises de trois minutes. En boxe olympique, le combat se déroule en trois ou quatre reprises de deux minutes chacune. Il y a différentes façons de gagner un match. Il peut s'agir d'une victoire aux points, fondée sur le nombre de points accordés au boxeur dans la période limite. La victoire peut aussi être acquise avant la limite par knock-out (quand l'un des adversaires reste au sol au moins 10 secondes), par arrêt de l'arbitre (s'il juge un combattant trop sévèrement blessé pour continuer le combat), par disqualification ou par abandon de l'autre combattant. Un boxeur peut être disqualifié pour avoir eu une conduite antisportive ou pour avoir commis un trop grand nombre de fautes techniques (erreurs allant à l'encontre des règles de la boxe).

Catégories de poids en boxe amateur et professionnelle

Catégories	poids maximum	
	Amateur (olympique)	Professionnelle
Paille	non reconnue	47,6 kg
Mi-mouche	48 kg	48,9 kg
Mouche	51 kg	50,8 kg
Super-mouche	non reconnue	52 kg
Coq	54 kg	53,5 kg
Super-coq	non reconnue	54,3 kg
Plume	59 kg	57 kg
Super-plume	non reconnue	58,9 kg
Léger	63 kg	61,2 kg
Super-léger	67 kg	63,5 kg
Mi-moyen	71 kg	66,6 kg
Super-mi-moyen	75 kg	69,8 kg
Moyen	81 kg	72,5 kg
Super-moyen	non reconnue	76,2 kg
Mi-lourd	88 kg	79,3 kg
Lourd-léger	non reconnue	86,1 kg
Lourd	95 kg	plus de 86,1 kg

Entraîneur
L'entraîneur de chaque boxeur est présent durant le match pour le conseiller.

Soigneur
Chaque boxeur a un soigneur à sa disposition. Ce dernier est chargé de lui prodiguer des soins entre les reprises.

Juge de points
Le match est observé par trois ou cinq juges. À la fin de chaque reprise, les juges attribuent une note à chacun des boxeurs. Ces notes traduisent le nombre de points marqués selon les coups donnés et réussis par les combattants.

Équipement

Gants

Gants de boxe olympique
Ils sont en cuir, rembourrés de mousse pour amortir l'impact des coups, et s'attachent avec des lacets. Ils pèsent 283 g pour toutes les catégories de poids. Les coups doivent être donnés avec la partie blanche du gant.

Gants de boxe professionnelle
Ils sont également en cuir et rembourrés de mousse. Ils s'attachent grâce à des sangles Velcro. Selon la catégorie de poids du boxeur, ils pèsent entre 227 g et 283 g.

Protège-dents

Boxe amateur et professionnelle
On note des différences importantes entre les règles qui régissent la boxe amateur (olympique) et la boxe professionnelle. Les boxeurs professionnels ne portent ni casque de protection ni maillot. Les matchs de boxe professionnelle comptent plus de reprises que les matchs de boxe olympique. Les règles suivantes s'appliquent cependant à tous les matchs : les boxeurs doivent porter des gants et se faire peser ; ils sont classés selon leur poids et ne doivent combattre que dans leur catégorie ; les dimensions du ring sont standard ; il doit y avoir un décompte de 10 secondes lorsqu'un des adversaires est à terre. S'il ne se relève pas avant la fin du décompte, son adversaire est déclaré vainqueur.

Boxe

Jeu offensif

Il est basé sur les trois principaux types de coups : le direct, le crochet et l'uppercut.

1. Direct
C'est une extension rapide et directe du bras pratiquement à l'horizontale. On parle de direct du gauche ou du droit, ce dernier étant censé avoir le plus de puissance. Le jab est un direct où le bras n'est pas complètement étendu. On s'en sert pour garder l'adversaire à distance.

2. Crochet
Le crochet est un coup puissant donné avec un mouvement d'épaule et le bras plié.

3. Uppercut
L'uppercut est un coup porté de bas en haut, pour aller frapper l'adversaire sous le menton.

 Le saviez-vous ?

La boxe féminine a été reconnue comme sport officiel en 1994 par l'Association internationale de boxe amateur (AIBA). Depuis les années 90, la boxe féminine professionnelle et amateur connaît une popularité croissante.

Jeu défensif

Il est basé sur trois techniques : l'esquive, la parade et le blocage.

1. Esquive
Le boxeur glisse sous les coups de l'adversaire en faisant pivoter ses hanches et en se tournant pour préparer la contre-attaque.

2. Parade
Le boxeur dévie le coup de l'adversaire avec la main qui se trouve du même côté. Ceci déséquilibre l'attaquant et permet d'amorcer une contre-attaque.

3. Blocage
Le boxeur effectue un blocage avec ses gants ou ses avant-bras pour empêcher le coup d'atteindre sa cible.

Sports à roulettes

Planche à roulettes
Patin à roues alignées
Roller hockey

Planche à roulettes

La planche à roulettes est un sport acrobatique dans lequel les athlètes exécutent des figures aériennes sur de petites planches de bois à quatre roulettes. En planche à roulettes, la créativité est aussi essentielle que les habiletés techniques. Les planchistes masculins et féminins semblent défier la gravité en exécutant leurs sauts et rotations aériennes avec leurs planches. Ce sport exige de la souplesse, de la force, de l'équilibre et de l'intrépidité.

Rampe

Le terme désigne à la fois l'épreuve et l'aire de compétition, qui est une énorme rampe en forme de demi-tube aux extrémités allongées par des sections verticales (vert). Après une série de matchs de qualification, la finale se joue au meilleur de trois épreuves. Les planchistes doivent enchaîner des acrobaties aériennes pendant 45 secondes sur les parties verticales de la rampe ou en l'air, au-dessus du niveau supérieur de celle-ci. Ils remportent des points pour la technique, l'originalité et le degré de difficulté. Le planchiste qui accumule le plus de points est victorieux.

Street

L'aire de compétition est une piste d'environ 1000 m^2, conçue de façon à inclure certaines caractéristiques rappelant une rue typique : trottoir, escaliers et divers obstacles de dimensions variées. Un jury composé de trois à cinq juges, donnant chacun une note globale, évalue sur 100 points à la fois la technique et le style de chaque compétiteur.

Équipement

Planche
La planche est une plate-forme de bois recourbée vers le haut aux extrémités.

Antidérapant (grip-tape)
La bande antidérapante collée à la surface de la planche aide les pieds du planchiste à adhérer à celle-ci.

Roue
Le diamètre et la dureté des roues, faites d'uréthane, peuvent varier. Elles sont conçues en fonction des différentes épreuves et compétitions.

40-65 mm

Queue
partie arrière

Nez
partie avant

Essieu (Truc

79 cm

Planche à roulettes

Figures de street

Ollie

Cette figure de base consiste à sauter au-dessus d'un obstacle. L'approche se fait jambes fléchies ; le poids du corps repose sur le bout des orteils et les pieds se déplacent vers l'arrière de la planche. En même temps qu'il saute, le planchiste donne une impulsion sur la queue de la planche. Pour demeurer en contact avec la planche, il crée une friction entre celle-ci et ses pieds grâce à l'antidérapant. La stabilité de l'atterrissage est assurée par le fléchissement des genoux et des chevilles.

5/0 grind

Le 5/0 grind débute par un ollie ; il consiste à glisser grâce aux essieux de la planche (trucks) sur une barre métallique. Le corps du concurrent et la planche doivent être parallèles à la barre. L'équilibre est maintenu par la flexion des jambes et l'action des bras. Le planchiste doit toujours visualiser sa trajectoire et anticiper sa sortie.

Figures de rampe

Il existe trois types de figures : les liptricks, effectuées sur l'arête de la rampe, les aerials, en l'air au-dessus de la rampe, et les plants, réalisées avec une main ou un pied en appui sur l'arête. Toutes peuvent être accomplies dos à la rampe (front side) ou face à la rampe (back side).

Arête
L'arête est la partie recourbée au sommet de la section verticale.

Grab 540 back side

Le planchiste aborde la courbe à grande vitesse. Du pied arrière, il donne une impulsion à sa planche en dépassant l'arête, pour qu'elle l'accompagne en position regroupée. Saisissant la planche de la main droite, il amorce une rotation aérienne par un mouvement vigoureux de son bras gauche. Il complète la rotation en redescendant, tout en conservant un contact visuel avec la rampe. Pour déterminer quand lâcher sa planche, il doit anticiper la reprise de contact avec la rampe. La fluidité de l'ensemble du mouvement est en grande partie assurée par la souplesse de ses jambes : flexion au moment du décollage et au cours de l'envol, puis extension à l'atterrissage.

Vert

Patin à roues alignées

Le patin à roues alignées (roller) est à la fois un loisir populaire et un sport de compétition qui se pratique sous plusieurs formes : patinage acrobatique, patinage de vitesse et hockey. En patin acrobatique, des concurrents masculins et féminins exécutent une série de figures sur des rampes, des escaliers et divers obstacles. En patinage de vitesse, les athlètes font une course contre la montre en individuel ou en équipe sur une piste ovale. Le roller hockey se joue sur une surface de dimensions semblables à celles d'une patinoire de hockey traditionnel. Tous ces sports exigent un excellent sens de l'équilibre, de la coordination et de bons réflexes. Des championnats du monde de patinage de vitesse et de patinage acrobatique ont lieu chaque année.

Patin acrobatique
La bottine du patin acrobatique est faite d'une matière plastique résistante et munie d'un système de fermeture à lacets et à boucles. Le chausson est rembourré et une coque à l'intérieur absorbe les chocs à l'atterrissage.

Chausson

Coque

Roue
Le diamètre des roues de polyuréthane mesure entre 38 et 70 mm. Leur dureté varie selon le type de sport pratiqué.

Platine
Elle supporte les quatre roues.

Encoche (slider)
Il s'agit d'une petite plaque courbée qui protège la platine. Elle permet au patineur de glisser au lieu de rouler sur des surfaces comme des rampes d'escalier.

Équipement

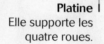

Rembourrage

Coque

Protège-poignet
Ses renforts amovibles en matière plastique résistante aident à prévenir les blessures aux poignets et aux mains.

Coudière
Les coudières sont constituées d'une combinaison de matériaux légers. Elles doivent demeurer en place sans toutefois être trop serrées.

Genouillère
Les genouillères sont composées de matériaux qui évacuent la transpiration. La coque est en matière plastique et le rembourrage est en mousse.

Patin à roues alignées

Street

Dans les compétitions de street, le patineur (streeter) accomplit des figures acrobatiques sur différents modules ou obstacles tels que la pyramide au cours de deux périodes de 60 ou 90 secondes chacune.

Pyramide
La pyramide est une boîte dotée de rampes de formes et de tailles variées. Elle est utilisée pour toutes sortes de manœuvres dans les compétitions de street.

Misty flip
Le misty flip est un mouvement acrobatique difficile à réaliser qui comprend une rotation dans les airs. La patineuse s'élance sur la pente de la pyramide avec un élan maximal, étend les bras, écarte les jambes et tourne le haut du corps pour amorcer la rotation. Elle ramène sa tête vers sa poitrine, tient ses cuisses en arrière et replie les jambes. Elle poursuit la rotation en allongeant les jambes et en relâchant les bras. Elle retombe face à la pente, les jambes légèrement fléchies et les patins en ligne avec la pente afin de maintenir son équilibre.

Soul grind
La patineuse s'approche de la rampe d'escalier à une vitesse qui lui permettra de sauter et de l'aborder dans un angle confortable. Elle se sert de ses bras et de ses mains comme balanciers. Le patin du devant repose sur l'encoche et celui de derrière sur la platine du côté extérieur, les deux pieds formant un T.

Rampe

La rampe est une structure de bois en forme de demi-tube, appelée aussi half-pipe. Les concurrents doivent y exécuter des acrobaties aériennes au cours de deux périodes de 60 ou 90 secondes chacune. Ils reçoivent des points pour la difficulté technique de leurs figures, la hauteur de leurs sauts et la fluidité de leur style.

Arête

540 flat spin
La patineuse aborde la rampe de face avec un élan maximal. Après avoir quitté l'arête de la rampe, elle s'élance dans une rotation diagonale. Une fois dans les airs, elle contrôle son équilibre et sa rotation avec un bras. Au cours de la première rotation, elle saisit un de ses patins de la main. Une fois la rotation terminée, elle lâche sa prise sur le patin. Elle effectue un dernier demi-tour avant d'atterrir en tendant les jambes.

Roller hockey

Dans un match de roller hockey, deux équipes s'affrontent sur une surface de jeu intérieure ou extérieure. Les équipes sont composées d'un gardien de but et de quatre autres joueurs (un ailier, un centre et deux défenseurs). Les deux équipes tentent de marquer des points en frappant la rondelle avec un bâton pour l'envoyer dans le but de l'équipe adverse à l'autre bout de l'aire de jeu. Les joueurs et les joueuses de roller hockey doivent être rapides et avoir de l'endurance et un bon équilibre. Des championnats nationaux de roller hockey se tiennent aux États-Unis.

Déroulement d'un match

Les règles du roller hockey sont semblables à celles du hockey sur glace. Les joueurs doivent quitter l'aire de jeu pour s'asseoir sur le banc de pénalité lorsqu'ils commettent une infraction au règlement. Les contacts physiques sont interdits. Les parties sont divisées en deux périodes de 22 minutes chacune. L'équipe qui a compté le plus de buts à la fin des deux périodes remporte le match.

Surface de jeu

Elle peut être en bois, en ciment, en asphalte ou en plastique ; les surfaces glissantes sont interdites. Sa longueur est de 40 m à 61 m.

Équipement

Patin de hockey à roues alignées

La chaussure étant plus près du sol, le centre de gravité se trouve abaissé, ce qui aide l'athlète à se maintenir en équilibre. De plus, la chaussure est inclinée légèrement vers l'avant pour faciliter les mouvements en avant.

Roue
Faites de polyuréthane, les roues sont munies de roulements à billes (petites billes de métal qui permettent une rotation fluide et rapide). Elles ont un diamètre d'environ 76 mm.

Bâton
Il est en bois et il a une longueur maximale de 1,52 m.

Rondelle
La rondelle de caoutchouc dur peut être munie de reliefs qui limitent la surface de frottement ou de billes qui lui permettent de mieux glisser.

Juge de but (2)
Placé derrière la cage de but, il décide de la validité des buts.

Centre
Il est responsable de la mise en jeu et des différentes stratégies offensives.

Arbitre (2)
Les arbitres doivent faire appliquer le règlement et sanctionner toute infraction.

Banc des joueurs et des entraîneurs

Gardien de but (2)
Son rôle est d'arrêter les rondelles.

Défenseur (2)
Les défenseurs sont principalement chargés d'empêcher l'adversaire de marquer des buts.

Ailier
Sa tâche est de marquer des buts et de surveiller son vis-à-vis de l'équipe adverse.

Sports motorisés

Course automobile

La course automobile est un sport dans lequel les concurrents pilotent des voitures spécialement conçues pour être extrêmement performantes et atteindre de grandes vitesses. Les courses se déroulent sur des circuits ovales ou des circuits routiers de divers tracés et longueurs. La course automobile met à l'épreuve la résistance et l'habileté des pilotes, ainsi que la puissance et la conduite des voitures. En plus d'être intrépides, les pilotes doivent avoir un bon jugement, d'excellents réflexes et une technique parfaite. Bien que l'on trouve principalement des hommes dans la course automobile professionnelle, des femmes pilotes participent aux compétitions amateur.

Équipement

Combinaison
Elle est constituée d'un tissu ignifugé (résistant au feu) qui aide à protéger le pilote contre les brûlures graves, car un feu peut se déclarer au moment d'un accident.

Gants
Le dos du gant doit comporter au moins deux couches de tissu ignifugé. Il doit serrer le poignet et recouvrir la manchette de la combinaison du pilote.

Casque
Il doit recouvrir complètement la tête et la figure du pilote. Il est réalisé en matériaux composites (Kevlar^{md}, fibre de carbone) et pèse un peu plus de 1 kg.

Bouchons antibruit
Ils atténuent les bruits ambiants et permettent les conversations radio entre le pilote et l'équipe dans les stands (le groupe de mécaniciens dont la tâche est de réparer et de ravitailler la voiture).

Chaussure
Les chaussures doivent couvrir entièrement le pied et la cheville. Les semelles doivent être résistantes aux flammes.

Pilote
Piloter une voiture de course demande plus d'endurance que de force physique. Les pilotes doivent être capables de supporter la chaleur, car la température à l'intérieur de l'habitacle peut excéder 54 °C. Leur acuité visuelle et leur coordination doivent être parfaites. L'entraînement consiste en un renforcement musculaire qui met l'accent sur le cou, les avant-bras, les abdominaux et les jambes. Cet entraînement a pour but d'aider les pilotes à maîtriser le volant et à actionner les pédales de la voiture avec plus de facilité.

Course automobile

Fonctionnement de la voiture

Les performances d'un véhicule dépendent surtout de la façon dont toutes ses composantes mécaniques fonctionnent ensemble. Les voitures de course doivent avoir des moteurs à régime très élevé pour produire rapidement de la puissance. Alors que le moteur d'une voiture de série régulière peut avoir un régime de 2000 à 6000 tours/minute, un moteur de voiture de course peut dépasser 10 000 tours/minute. Le poids de la voiture influence également sa performance. Il faut plus de puissance pour propulser une voiture lourde qu'une plus légère.

Officiels

Le directeur de course donne le départ et contrôle l'épreuve. Il peut arrêter ou interrompre l'épreuve si nécessaire, et prendre des sanctions contre les pilotes fautifs. Les commissaires de course doivent appliquer les règlements sportifs. Les chronométreurs enregistrent les temps de chaque pilote tour par tour et gèrent la durée de l'épreuve. Les signaleurs sont chargés de transmettre les informations pertinentes aux pilotes à l'aide des drapeaux.

Principaux signaux et drapeaux

✱ Courses de stock-cars (voitures de série)

Aux États-Unis, la forme la plus populaire de course automobile est la course de stock-cars. Vues de l'extérieur, ces voitures ressemblent à des automobiles ordinaires qu'on peut voir circuler dans les villes, mais elles dissimulent de puissants moteurs de course sous leur capot. Un peu moins perfectionnées que les bolides à une place, elles peuvent tout de même atteindre des vitesses de 320 km/h. Parmi les plus importantes courses de stock-cars, on note le Daytona 500, à Daytona Beach, en Floride, qui fait partie des séries de la coupe Winston. Les courses se déroulent sous l'égide de la NASCAR (association nationale de courses de stock-cars).

Drapeau blanc
Il indique la présence d'une ambulance, d'un véhicule d'urgence ou d'un véhicule lent sur la piste. Dans les séries américaines, il signifie qu'on entame le dernier tour de la course.

Drapeau noir avec disque orange au centre
Accompagné du numéro de l'automobile concernée, il est présenté à un pilote lorsqu'un élément de sa voiture constitue un danger pour lui ou les autres concurrents.

Drapeau noir et blanc
Il est brandi en guise d'avertissement à un pilote dont la conduite est antisportive.

Drapeau bleu
Il est montré à un pilote suivi d'une voiture plus rapide qui s'apprête à le dépasser, pour qu'il lui facilite le passage.

Drapeau jaune
Il indique une situation dangereuse : les pilotes doivent ralentir et ne peuvent pas dépasser à l'endroit où ce drapeau est déployé.

Drapeau vert
Il suit un drapeau jaune et indique la fin d'une alerte. Il fait savoir aux pilotes qu'ils peuvent doubler de nouveau.

Drapeau noir
Accompagné du numéro de la voiture concernée, il est présenté au pilote qui a commis une infraction au règlement. Il force le pilote à s'arrêter et à rentrer aux stands pour y purger une pénalité.

Drapeau jaune rayé rouge
Il indique une détérioration de l'adhérence et la présence d'huile, d'autres liquides ou de débris sur la piste.

Drapeau rouge
Il est présenté sur la ligne de départ ou d'arrivée. Il indique l'interruption de la course ou des essais.

Drapeau en damier
Il est présenté au vainqueur de l'épreuve. Il indique également la fin de la course ou de la séance d'essais.

Formule 1

L'épreuve la plus populaire du sport automobile est la Formule 1, qui doit son nom à la voiture Formule 1 (F1), l'un des nombreux modèles de la série des monoplaces. Les pilotes participent à des épreuves à grand battage publicitaire, comme le Grand Prix et les championnats du monde de Formule 1. Les courses de F1 se déroulent dans des rues urbaines ou sur des circuits permanents conçus pour ces épreuves. Les concurrents doivent élaborer différentes stratégies et adapter leur style de conduite au type de circuit. Sur un circuit qui comprend beaucoup de lignes droites, par exemple, les pilotes peuvent atteindre de grandes vitesses et se doubler facilement. Les circuits présentant des virages serrés exigent que les pilotes se placent dans la meilleure position possible avant de négocier les virages, afin de maintenir leur vitesse sans perdre le contrôle de la voiture. Les circuits urbains laissent peu de place à l'erreur et les pilotes doivent conduire avec une grande précision.

Grand Prix

Plusieurs épreuves de Grand Prix ont lieu dans différentes villes du monde chaque année. Un Grand Prix s'étend sur trois jours. Les pilotes passent les deux premiers jours à tester et à régler leur voiture. Ils effectuent plusieurs tours de piste pour enregistrer leur temps de qualification, qui déterminera leur position de départ pour la course. Le troisième jour, avant la course proprement dite, les pilotes effectuent un tour de formation pour préchauffer les pneus. Cela favorise une meilleure adhérence des pneus et contribue à prévenir les dérapages. Après avoir effectué le tour de chauffe, les voitures se placent sur la grille de départ selon leurs positions de départ respectives. À ce moment, cinq feux rouges s'allument un à un, à une seconde d'intervalle. Le départ est donné à l'extinction simultanée des cinq feux.

Circuit

Le nombre de tours à accomplir varie selon la longueur des circuits. Ainsi, le circuit de Monza, long de 5,77 km, nécessite 53 tours pour que soient faits les 305 km réglementaires.

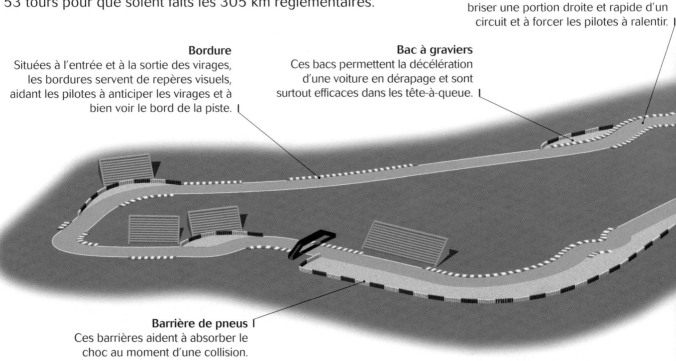

Chicane
Il s'agit d'un élément sinueux qui vise à briser une portion droite et rapide d'un circuit et à forcer les pilotes à ralentir.

Bordure
Situées à l'entrée et à la sortie des virages, les bordures servent de repères visuels, aidant les pilotes à anticiper les virages et à bien voir le bord de la piste.

Bac à graviers
Ces bacs permettent la décélération d'une voiture en dérapage et sont surtout efficaces dans les tête-à-queue.

Barrière de pneus
Ces barrières aident à absorber le choc au moment d'une collision.

Arceaux de sécurité
Ils protègent le pilote en
cas de tonneau.

Caméra
Elle permet aux
téléspectateurs de
suivre la course du
point de vue du pilote.

Télémesure
Situé dans l'un des rétroviseurs, l'émetteur du système
de télémesure permet aux écuries de suivre, depuis les
stands, le comportement des principaux éléments de
la voiture durant l'épreuve.

Aileron
Les ailerons augmentent la charge
sur les trains arrière et avant,
favorisant ainsi l'adhérence des
pneus sur la piste.

Antenne radio
Elle permet la communication entre le pilote
et l'écurie durant la course.

Tube de Pitot
Il s'agit d'une prise d'air aérodynamique qui
calcule la vitesse réelle de la voiture en tenant
compte de l'influence du vent.

Ponton
Les pontons contiennent les radiateurs
et les composantes électroniques, et
canalisent l'air frais vers le moteur.

Ceinture de sécurité
Le pilote est solidement attaché par une ceinture
de sécurité, qui est composée de deux sangles
d'épaules, deux sangles abdominales et deux
sangles d'entrejambe.

Monoplaces de F1
Les F1 sont réputées pour leur capacité de développer des puissances
phénoménales (plus de 800 chevaux-vapeur). Elles atteignent des vitesses
de pointe excédant 320 km/h. Ces monoplaces mesurent en moyenne
4,3 m de long et moins de 1,8 m de large. Le poids minimum admissible
pour une voiture avec son pilote est de 600 kg.

Virage rapide
Un virage rapide met à l'épreuve la stabilité de la voiture et le courage
du pilote. Les voitures le négocient à plus de 160 km/h.

Pole position
C'est la première place sur la grille. Elle revient au
pilote qui a enregistré le meilleur temps lors de la
séance de qualification.

4e ligne

3e ligne

2e ligne

1re ligne

Ligne des stands
Située entre la piste et les
stands, c'est la voie empruntée
par les voitures pour se rendre
à leur stand et en ressortir.

Paddock
Ensemble des stands où chacune
des écuries procède aux réparations,
ravitaillement et changements de
pneus au cours de l'épreuve.

Grille de départ
Les voitures sont disposées sur deux lignes, en formation décalée, sur la
grille de départ du circuit. Leur position est déterminée par les temps
réalisés durant les qualifications, les voitures les plus rapides étant placées
à l'avant.

Formule 1

Championnat du monde de Formule 1

Le championnat du monde de Formule 1 totalise, au cours d'une saison, 16 ou 17 épreuves disputées par 12 écuries de deux pilotes chacune. Un classement aux points détermine le champion des pilotes au terme de la saison. Un championnat des constructeurs est également disputé. Le constructeur qui totalise le plus de points selon la performance de ses voitures et la position de ses pilotes respectifs remporte le championnat à la fin de la saison. Les points sont attribués aux six premiers pilotes à l'arrivée selon le barème suivant :

Championnat du monde de Formule 1						
Position	1er	2e	3e	4e	5e	6e
Points	10	6	4	3	2	1

Arrêt aux stands

Au cours d'une épreuve, les voitures effectuent un ou deux arrêts de ravitaillement. Dans un ballet réglé avec minutie, une bonne équipe de mécaniciens peut procéder au plein d'essence et au changement des quatre pneus en moins de huit secondes.

Pneu pluie   **Pneu piste sèche**

Pneus

Divers types de pneus sont conçus pour convenir à différentes conditions météorologiques. Les pneus piste sèche sont utilisés par temps sec. Les pneus pluie sont très sculptés afin d'évacuer une grande quantité d'eau. Il existe une variante de pneus pluie appelés pneus intermédiaires ; ils sont moins sculptés et sont utilisés sur piste humide. Le choix du pneu approprié est d'une importante cruciale et doit se faire avant la séance de qualification. Le type de pneus utilisé ne peut être changé au cours de l'épreuve.

Responsable du démarreur
Un mécanicien se tient prêt à intervenir avec un démarreur si le moteur cale au moment où le pilote tente de démarrer après le ravitaillement.

Cric (2)
Les crics sont montés sur roulettes. Ils soulèvent l'avant et l'arrière de la voiture pour permettre le changement des pneus.

Mécanicien (3)
Chaque roue doit être remplacée rapidement par une équipe de trois mécaniciens. L'un d'eux dévisse l'écrou central, un autre retire la roue utilisée et un troisième met la nouvelle roue en place.

Chef mécanicien
Il dirige l'intervention des mécaniciens. Au moyen d'un panneau appelé « sucette », il indique au pilote quand il peut repartir.

Formule 3000

Le championnat de Formule 3000 est couru avec des voitures monoplaces sur circuit fermé. Considéré comme une école de la Formule 1, il a été conçu pour offrir des conditions de compétition similaires mais à des coûts nettement inférieurs. Le championnat international de Formule 3000 se tient sur des circuits européens. Comme les pilotes disposent de voitures aux caractéristiques techniques identiques, l'écart qui sépare le 1er et le 10e temps dépasse rarement une seconde au moment des qualifications. La victoire dépend principalement des talents du pilote sur la piste.

 Pilotes de Formule 3000

Les pilotes de Formule 3000 sont âgés de 20 ans en moyenne. Leur objectif est généralement de devenir pilotes de Formule 1 ou bien pilotes d'essai pour les constructeurs automobiles après deux ou trois bonnes saisons en F3000.

Voiture

Toutes les voitures de Formule 3000 sont équipées de façon identique.

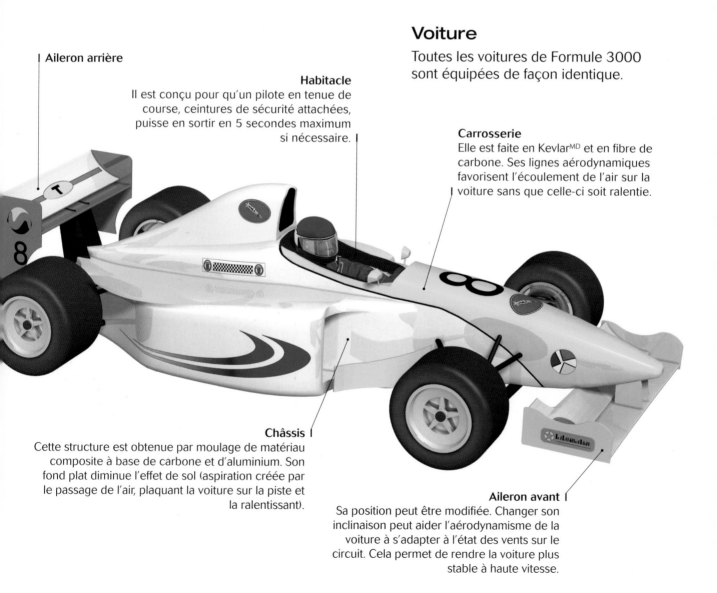

Aileron arrière

Habitacle
Il est conçu pour qu'un pilote en tenue de course, ceintures de sécurité attachées, puisse en sortir en 5 secondes maximum si nécessaire.

Carrosserie
Elle est faite en Kevlar^{MD} et en fibre de carbone. Ses lignes aérodynamiques favorisent l'écoulement de l'air sur la voiture sans que celle-ci soit ralentie.

Châssis
Cette structure est obtenue par moulage de matériau composite à base de carbone et d'aluminium. Son fond plat diminue l'effet de sol (aspiration créée par le passage de l'air, plaquant la voiture sur la piste et la ralentissant).

Aileron avant
Sa position peut être modifiée. Changer son inclinaison peut aider l'aérodynamisme de la voiture à s'adapter à l'état des vents sur le circuit. Cela permet de rendre la voiture plus stable à haute vitesse.

Formule Indy

Les épreuves de Formule Indy, supervisées par CART (Championship Auto Racing Teams) et IRL (Indy Racing League), se disputent uniquement sur des pistes ovales. L'appellation Indy provient de la 500 Miles d'Indianapolis, l'une des épreuves de course automobile le plus renommées. Des courses sont présentées aux États-Unis, au Canada, en Australie, au Brésil et au Japon. Les monoplaces sont similaires aux F1, mais sont plus lourds et plus robustes. Bien qu'ils puissent atteindre des vitesses phénoménales de 370 km/h sur des lignes droites, les virages serrés du circuit obligent les pilotes à diminuer leur vitesse. Pour cette raison, les épreuves de Formule Indy sont un peu plus lentes que celles de F1.

Déroulement d'une course

Sur les pistes ovales et superovales, on procède à un départ lancé, c'est-à-dire que les monoplaces s'élancent pour un ou plusieurs tours de chauffe au signal du directeur de course. Les voitures doivent rester alignées selon leur position sur la grille de départ, suivant la voiture de tête (pace car) qui doit maintenir une vitesse constante. Aucune voiture ne doit tenter d'améliorer sa position tant que le drapeau vert n'est pas montré aux pilotes. En circuit routier, le directeur de course indique avant le départ s'il s'agit d'un départ sec (les pilotes peuvent choisir les pneus de leur choix) ou d'un départ mouillé (tous les pilotes doivent partir en pneus pluie). Contrairement à la F1, il est interdit de préchauffer les pneus. Durant les courses de la série CART, les pilotes font de nombreux arrêts aux stands pour un ravitaillement en carburant et un changement de pneus. Le premier pilote à franchir la ligne d'arrivée sous le drapeau en damier est déclaré vainqueur de l'épreuve.

Circuit

Les compétitions de Formule Indy se déroulent sur des distances de 320, 480, 645 ou 805 km et sur trois types de circuits : les ovales, les superovales et les circuits routiers. Les ovales (speedways) sont des pistes d'asphalte ou de ciment de 2,6 à 4 km de circonférence. Les ovales d'une longueur de plus de 1,6 km et aux virages fortement inclinés sont nommés superovales (superspeedways). Les circuits routiers, d'une longueur de 2,4 à 6,4 km, sont soit urbains et temporaires, soit créés spécialement pour les épreuves (permanents).

Muret de protection
La Formule Indy n'a pas d'aire de dégagement ; les murets de protection en béton empêchent les voitures d'aller s'écraser dans les tribunes, mais sont plus dangereux pour les pilotes.

Stands
Les pneus et les réservoirs de ravitaillement y sont entreposés. Un maximum de six personnes par équipe peut travailler sur la voiture.

Circuit ovale

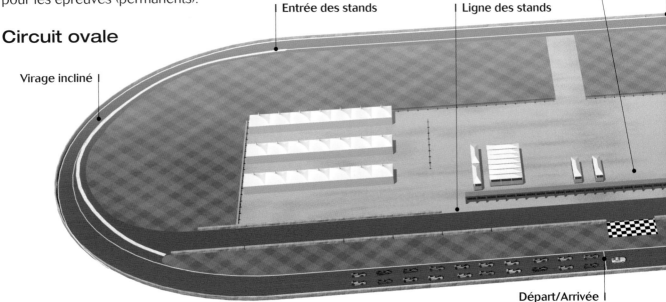

Virage incliné

Entrée des stands

Ligne des stands

Départ/Arrivée
C'est là que s'effectue le chronométrage et que sont présentés les drapeaux vert et en damier.

Formule Indy

Voitures

Les voitures de Formule Indy sont configurées spécifiquement pour les circuits sur lesquels se déroulent les compétitions. Ainsi, la configuration des ailerons diffère selon que l'épreuve se déroule sur un ovale et un circuit routier ou sur un superovale.

Superovales
Les ailerons plus fins offrent peu d'appui pour assurer une vitesse de pointe maximale.

Ovales et circuits routiers
Puisque la vitesse de pointe n'est pas un élément aussi déterminant que sur les superovales, les ailerons fournissent beaucoup d'appui en créant un courant d'air qui plaque la voiture au sol et augmente sa stabilité.

Pénalités

Lorsqu'un pilote enfreint un des règlements, le directeur de course peut imposer plusieurs types de pénalités selon la gravité de l'infraction.

Pénalité de tour
Pour un dépassement illégal de la voiture de tête, par exemple, un ou plusieurs tours peuvent être soustraits du nombre réel de tours effectués par le pilote pénalisé.

Perte de position
Le pilote fautif (dépassement sous un drapeau jaune, par exemple) peut se voir imposer une pénalité d'une ou de plusieurs positions. Cette pénalité peut être donnée durant ou après la course.

Pénalité de stands (stop and go)
Tout pilote qui dépasse la vitesse maximale autorisée dans les stands (97 km/h), qui roule sur des pièces d'équipement (pneus, tuyaux, etc.) ou qui commet une infraction sous un drapeau vert ou jaune pourra se voir contraint de rentrer aux stands, de s'arrêter et de repartir au signal de l'officiel, ou encore de rejoindre la course à la queue du peloton.

Suspension
Les officiels peuvent imposer une suspension d'une ou de plusieurs courses à un pilote coupable d'infraction grave aux règlements ou ayant effectué une manœuvre jugée dangereuse.

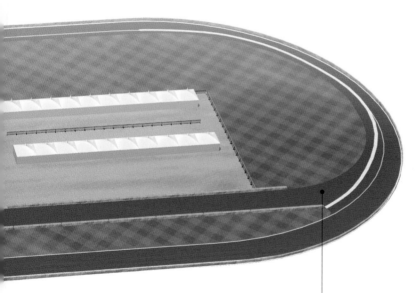

Sortie des stands

Voiture de tête
Elle sert à donner le rythme au peloton avant le départ et au cours des neutralisations. Pendant ces périodes, les voitures doivent conserver leur position et ne pas se doubler.

Motocyclisme

Le motocyclisme est un sport dans lequel les concurrents pilotent des véhicules à deux roues sur des pistes ou des routes de longueurs et de types variés. Les épreuves comprennent des courses de vitesse sur terrain nivelé et des courses de motocross et de supercross, qui se déroulent sur des routes de terre accidentées. On note également des épreuves mixtes et hors route, ainsi que des courses d'endurance (enduro) sur de longues distances. Outre la capacité de concentration et la finesse de pilotage, ce sport exige du pilote de la force pour manier sa lourde motocyclette et pour maintenir son équilibre à haute vitesse sans perdre la maîtrise du véhicule. Bien que ce sport soit pratiqué surtout par les hommes, des femmes participent aux compétitions amateurs.

Grand Prix de vitesse

Les courses de vitesse durent généralement entre 20 et 30 minutes et se déroulent sur un circuit fermé. Des essais libres permettent aux pilotes de se familiariser avec la piste et d'effectuer des réglages sur leur moto. Deux séances d'essais officiels d'une heure chacune déterminent la position des pilotes sur la grille de départ pour la course du lendemain. Les plus rapides occupent les premières places. Avant l'épreuve, les pilotes effectuent un ou deux tours de formation (tours de chauffe) avant de se replacer sur la grille, moteur en marche. Le directeur de course donne le signal du départ, indiqué par un feu rouge suivi d'un feu vert. Le premier pilote qui franchit la ligne d'arrivée au terme de l'épreuve est déclaré vainqueur.

Technique

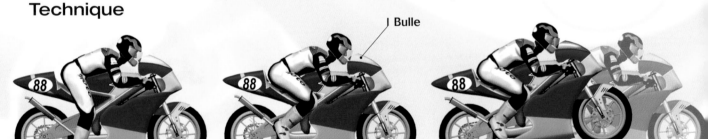

Bulle

Départ

Le pilote place son poids sur l'avant de la machine pour contrer le cabrage dû à l'accélération. Si la roue avant levait trop, il serait contraint de décélérer pour ne pas perdre la maîtrise de sa moto. Il place son casque à l'abri de la bulle pour offrir moins de résistance à l'air et atteindre une plus grande vitesse.

Motocyclisme

Motocross et supercross

Les courses de motocross se disputent sur un circuit fermé. Le tracé, situé en terrain naturel, comprend des dénivelés, des bosses, des côtes, des ornières et des difficultés diverses. Le supercross est un parcours artificiel parfois couvert, fait de terre ou d'un mélange de sable et d'argile, et parsemé d'obstacles qui privilégient les sauts très aériens. Un groupe de 25 coureurs disposés en ligne partent en même temps. Le vainqueur est le coureur qui franchit la ligne d'arrivée le premier. Les championnats du monde de motocross et de supercross comportent chacun 16 courses, au terme desquelles des points sont attribués aux 15 premiers arrivants. Le champion du monde de chaque catégorie est le pilote qui totalise le plus de points à la fin des 16 courses.

Départ collectif

Moteur en marche, les concurrents attendent. L'officiel brandit une pancarte indiquant qu'il reste 30 secondes avant le départ, puis une autre indiquant qu'il ne reste que 5 secondes. Le départ est donné par la grille de départ qui se replie. Tout faux départ est signalé par un drapeau rouge. Les concurrents doivent alors retourner à la zone d'attente pour un nouveau départ.

Équipement

Casque de motocross
Tous les coureurs doivent porter un casque pour protéger leur tête en cas de chute.

Lunettes de protection
Elles sont recouvertes de plusieurs pellicules de plastique que le pilote peut décoller une à une lorsqu'elles se salissent et l'empêchent de bien voir.

Gant
Les gants sont en matière synthétique et rembourrés à l'intérieur et à l'extérieur pour offrir davantage de protection.

Pneu à crampons
Il existe trois types de pneus selon la nature du terrain : mou, dur ou boueux.

Équipement de protection
Les pilotes peuvent porter cet équipement rembourré pour protéger leur torse, leurs bras, leurs coudes, leurs genoux ou leur dos en cas de chute.

Pantalon et maillot
Ils sont légers et en matière synthétique.

Botte de motocross
Les bottes sont en cuir et en plastique.

Plaque de protection
Cette plaque protège le moteur des chocs et des obstacles. Elle permet aux objets de glisser sous la moto sans accrocher le moteur.

Technique

Saut
Une fois sur la rampe, le pilote s'avance vers le guidon avant le décollage. Une fois en l'air, il se déplace de nouveau vers l'arrière en tendant les bras. Afin d'aligner sa moto dans l'angle voulu pour l'atterrissage, il peut soit accélérer afin de faire baisser l'arrière de sa moto, soit freiner afin de faire baisser l'avant. À l'atterrissage, il s'avance vers le guidon pour pouvoir accélérer et reprendre de la vitesse.

Rallyes et rallyes-raids

Un rallye est une course sur route, souvent de ville à ville, à laquelle participent autant les femmes que les hommes. Il s'agit des plus longues courses automobiles. Chaque rallye est divisé en étapes de liaison au cours desquelles les pilotes se rendent d'un point à un autre selon un horaire imposé. Certaines étapes ont des épreuves contre la montre. Bien que les routes soient fermées à la circulation normale pendant un rallye, les concurrents doivent respecter le code de sécurité routière.

Déroulement d'un rallye

Le pilote et le copilote se partagent le travail. Le pilote conduit le véhicule pendant que le copilote, ou navigateur, l'informe des caractéristiques du parcours d'après le carnet de route. Ce relevé de l'itinéraire de l'épreuve est fourni par l'organisateur du rallye et comprend des détails sur le parcours tels que les dangers, les virages, les creux et les bosses. L'équipage reçoit également un carnet de contrôle où est indiqué le temps attribué pour franchir la distance entre deux contrôles horaires. Un parcours peut couvrir quelques dizaines à plusieurs milliers de kilomètres (dans le cas des rallyes-raids). Les pointages sont effectués par des commissaires au moment où les équipages présentent leur carnet de contrôle au poste de contrôle. Comme l'objectif de la course est de couvrir la distance dans une période de temps déterminée, les équipages reçoivent des pénalités s'ils arrivent en retard ou en avance. L'équipe qui totalise le plus de points à l'issue de la saison est déclarée championne du monde.

Déroulement d'un rallye-raid

Le rallye-raid est autant une aventure qu'une course. Cette épreuve sportive se déroule hors route, sur plusieurs milliers de kilomètres, et traverse souvent des contrées désertiques. Comme le rallye, le rallye-raid comporte des étapes de liaison et des étapes spéciales chronométrées. L'assistance technique est assurée par des équipes de mécaniciens qui suivent l'épreuve dans des camions, afin de réparer les véhicules au besoin pendant la course. Avant chaque étape, les équipages reçoivent un carnet de route contenant une description détaillée de la route à suivre de même que les points d'assistance et de ravitaillement. Les équipages peuvent rouler de 8 à 24 heures sans s'arrêter, selon la longueur des étapes. Pour connaître leur position exacte, les concurrents sont parfois munis d'un GPS (Global Positioning System) qui leur permet de déterminer leur longitude et leur latitude par liaison satellite.

Le Dakar
Couru entièrement en Afrique, le Dakar-Le Caire s'étend sur 11 000 km. Cette course comprend 3040 km en étapes de liaison devant être couvertes dans la période de temps prévue et 7444 km en étapes contre la montre.

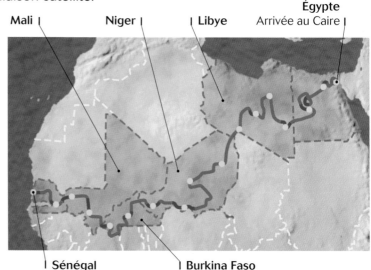

Mali | Niger | Libye | Égypte
Arrivée au Caire

Sénégal
Départ de Dakar

Burkina Faso

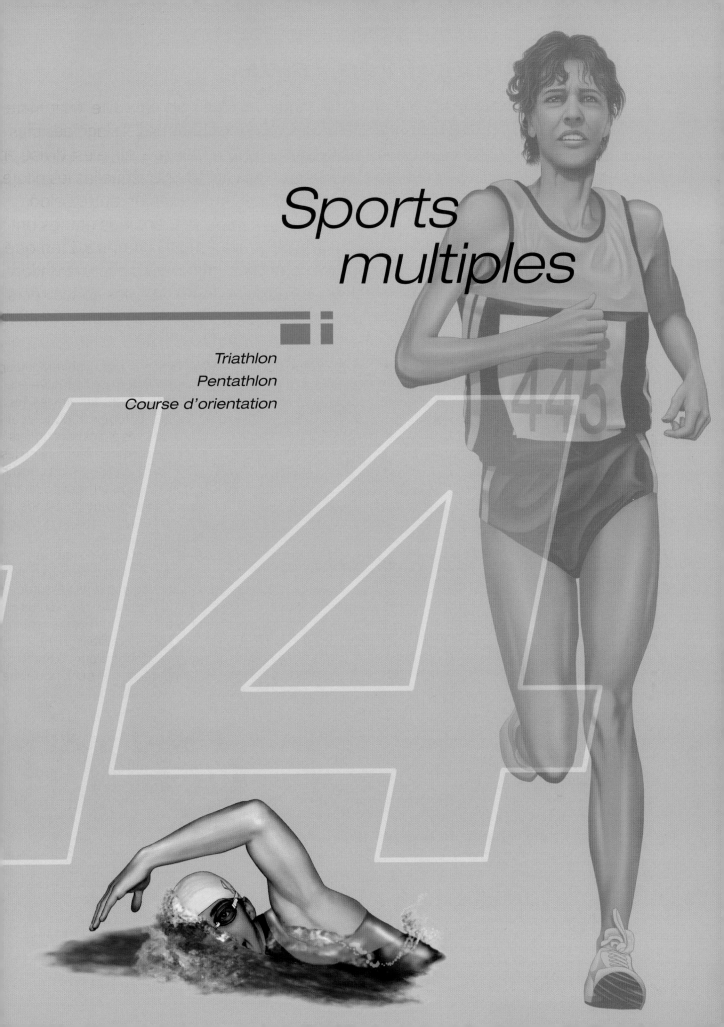

Sports multiples

Triathlon
Pentathlon
Course d'orientation

Triathlon

Le triathlon consiste en un enchaînement de trois épreuves : la natation, le cyclisme et la course à pied. Le principe du triathlon est très simple : le chronomètre part au moment de la première épreuve (natation) et s'arrête lorsque les concurrents franchissent la ligne d'arrivée de la dernière épreuve (course à pied). L'athlète le plus rapide remporte la victoire. Les triathlètes se préparent soigneusement pour arriver à effectuer le plus rapidement possible les transitions entre les épreuves. Ils ne mettent que 8 à 10 secondes pour passer de la natation au cyclisme et du cyclisme à la course. Les hommes et les femmes qui pratiquent ce sport exigeant s'efforcent d'améliorer leur endurance en perfectionnant leur technique. Un mouvement parfait réduit la fatigue et augmente la durée de la performance avec la même dépense d'énergie.

Natation
L'épreuve de nage libre se déroule habituellement en eau vive. Bien qu'aucun style de nage ne soit imposé, la plupart des athlètes choisissent le crawl en raison de sa rapidité. Les nageurs sont autorisés à marquer un temps d'arrêt en s'accrochant à une bouée ou à une barque fixe, mais ne peuvent s'en servir pour se propulser.

Course à pied
La course, dernière étape du triathlon, sollicite les réserves ultimes d'énergie et d'endurance des athlètes. Les coureurs visent une économie de mouvements maximale. Ils courent le buste droit, le regard fixé vers l'avant, les épaules détendues et les bras bougeant parallèlement au corps pour faciliter la respiration et le travail des jambes, et éviter l'épuisement.

Cyclisme
L'épreuve se déroule généralement sur route. Les athlètes doivent conserver un rythme de pédalage vigoureux et régulier. Ils doivent aussi rechercher une position basse et aérodynamique afin de réduire la résistance au vent. Les cyclistes peuvent atteindre une vitesse moyenne de 45 km/h au cours de l'épreuve. Ils transportent les outils nécessaires pour pouvoir effectuer eux-mêmes leurs réparations au besoin.

Types d'épreuves				
Épreuves	natation	cyclisme	course à pied	durée moyenne
Classique/olympique	1,5 km	40 km	9,7 km	moins de 2 h
Sprint	750 m	20 km	4,8 km	1 h 15
Demi-triathlon	1,6 km	90 km	21 km	4 h 30 à 5 h
Triathlon (Ironman)	3,6 km	179 km	41,8 km	9 h

Pentathlon

Le pentathlon est le seul sport olympique qui regroupe cinq épreuves différentes : tir au pistolet, escrime, natation, équitation et course à pied. Les hommes et les femmes concourent séparément dans cette épreuve d'endurance mentale et physique qui se déroule en une journée. Les athlètes commencent avec 1000 points de pentathlon pour chaque épreuve. Ils gagnent ou perdent des points en fonction de leurs performances. Les points accumulés dans chacune des épreuves sont additionnés, puis convertis pour obtenir le score final.

Le saviez-vous ?

Cette combinaison de sports inhabituelle a été inspirée par l'aventure d'un officier français de l'armée de Napoléon il y a environ 200 ans. Ce soldat devait traverser les lignes ennemies et surmonter de nombreux obstacles pour parvenir à livrer un message à ses troupes.

Escrime

L'arme utilisée est l'épée et chaque concurrent affronte tous les autres. Les assauts durent une minute maximum et prennent fin dès la première touche. Les escrimeurs gagnent des points supplémentaires s'ils remportent plus de 7 combats sur 10 et perdent des points s'ils gagnent moins de 7 combats sur 10. Un combat sans touche est considéré comme une défaite pour les deux adversaires.

Tir au pistolet

La cible se trouve à 10 m du tireur et elle est marquée de cercles valant de 1 à 10 points. L'athlète gagne des points supplémentaires s'il obtient plus de 172 points de tir en 20 tirs. Il perd des points s'il obtient moins de 172 points de tir en 20 tirs.

Natation

Le 200 m nage libre est une épreuve contre la montre. Les hommes obtiennent un point de pentathlon pour chaque dixième de seconde inférieur à 2 min 30 s. Un temps supérieur à 2 min 30 s entraîne la perte d'un point par dixième de seconde. L'épreuve féminine est basée sur le même système de pointage, mais la performance de référence est de 2 min 40 s.

Concours hippique

Le parcours a une longueur d'environ 395 m et comporte 12 obstacles pour le cavalier et son cheval, dont au moins une combinaison double et une triple. Une chute de barre coûte 30 points, un refus ou une dérobade du cheval devant l'obstacle coûte 40 points. Chaque seconde de dépassement du temps de référence retranche 3 points au score du cavalier. En cas d'égalité entre deux concurrents, le cavalier le plus rapide est déclaré vainqueur.

Course à pied

Cette épreuve est un cross-country de 3000 m. Le concurrent le mieux classé à l'issue des quatre épreuves précédentes prend le départ le premier. Les athlètes suivants prennent le départ à des intervalles correspondant à leur classement en nombre de points. Le premier coureur qui franchit la ligne d'arrivée remporte le concours.

Course d'orientation

La course d'orientation est une course en forêt durant laquelle les participants doivent suivre, à pied, à vélo ou à skis, un parcours qui ne leur est pas familier. S'orientant uniquement à l'aide d'une carte et d'une boussole, ils doivent atteindre plusieurs postes de contrôle pendant l'épreuve. La course d'orientation comprend plusieurs variantes et peut s'effectuer par relais, en vélo tout-terrain, en ski de fond et sur plusieurs jours (raid d'orientation). Dans les compétitions professionnelles, les distances sont variables : 10 à 20 km pour les hommes et 7 à 15 km pour les femmes. Les participants peuvent mettre de 75 à 90 minutes pour faire le parcours.

Déroulement d'une compétition

Les concurrents sont amenés au point de départ, où ils prennent possession de la carte topographique de la région. Ils partent un à un, à intervalles réguliers. Ils doivent atteindre les postes de contrôle indiqués sur la carte dans l'ordre donné par les organisateurs. Les postes de contrôle sont pourvus d'un équipement qui permet aux participants de prouver leur passage à la balise. Ils peuvent emprunter l'itinéraire de leur choix pour se rendre aux postes de contrôle. Le vainqueur est celui qui termine la course le plus rapidement.

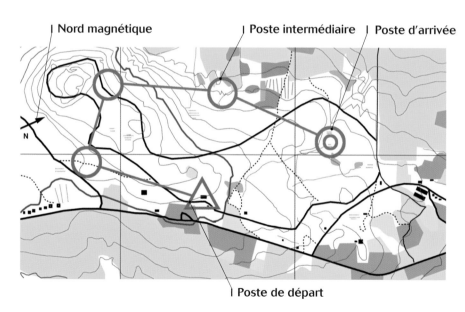

| Nord magnétique | Poste intermédiaire | Poste d'arrivée |

Poste de départ

Carte topographique
La carte topographique est un élément de base de la course. Elle porte des symboles spéciaux qui indiquent le type de terrain dans la région : montagnes, cours d'eau, forêts et autres types de végétation. Les terrains difficiles à franchir, comme les marais ou les broussailles touffues, sont indiqués en différentes couleurs selon leur degré de difficulté.

Équipement

Chaussures

Tenue vestimentaire
Les participants portent un survêtement léger en tissu résistant qui évacue la chaleur et la sudation, et convient au terrain boisé accidenté. Des chaussures spéciales sont requises. Elles sont légères et imperméables, et sont munies de crampons en caoutchouc et en métal pour aider les concurrents à courir et à grimper sans glisser.

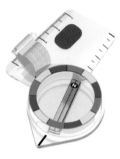

Boussole
La boussole est une pièce d'équipement aussi essentielle que la carte. Avec son aiguille qui pointe toujours vers le nord, elle aide les participants à trouver et à maintenir leur direction dans les bois. Les deux boussoles les plus utilisées sont les boussoles au pouce et les boussoles à plaquette à capsule mobile.

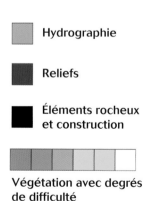

Hydrographie

Reliefs

Éléments rocheux et construction

Végétation avec degrés de difficulté

aquatique (adj.)
qui se déroule dans l'eau, comme la natation ou le water-polo.

arts (n.) **martiaux** (adj.)
sports de combat et d'autodéfense, principalement d'origine asiatique, dans lesquels les mains et les pieds servent d'armes de combat ; le judo et le karaté sont des arts martiaux.

attaque (n.)
équipe qui attaque ou tente de compter un but.

défense (n.)
équipe qui protège ses buts contre l'adversaire.

dévier (v.)
modifier la direction d'un objet en le frappant, comme lorsqu'un joueur de football fait dévier le ballon en le frappant avec sa tête.

endurance (n.)
capacité d'accomplir une action difficile ou douloureuse pendant de longues périodes sans abandonner.

équestre (adj.)
relatif à l'équitation.

faute (n.)
action incorrecte qui va à l'encontre des règlements d'un sport.

intercepter (v.)
arrêter un objet en mouvement ou modifier sa direction. Au football américain et canadien, par exemple, un joueur peut intercepter le ballon lorsqu'un adversaire fait une passe à un coéquipier.

manœuvre (n.)
action composée d'une série de mouvements habiles et parfois acrobatiques, comme le 5/0 grind en planche à roulettes.

nautique (adj.)
qui a rapport à la navigation ou à d'autres formes de déplacement sur l'eau, comme le kayak ou le surf.

résistance (n.)
capacité d'accomplir des actions qui demandent un grand effort physique ou mental pendant une longue période.

routine (n.)
série de mouvements planifiés et toujours accomplis de la même façon, comme en gymnastique.

sports (n.) **de combat** (n.)
sports comme la boxe, la lutte et les arts martiaux.

sports (n.) **multiples** (adj.)
sports qui combinent différents types de disciplines athlétiques ; le triathlon, qui combine natation, cyclisme et course, est un sport multiple.

synchronisé (adj.)
mouvements accomplis par deux athlètes ou plus au même moment, souvent en musique, comme en natation synchronisée.

synthétique (adj.)
fabriqué au moyen d'un procédé chimique, avec des matériaux manufacturés plutôt que naturels ; un produit qui imite un matériau naturel, comme le caoutchouc synthétique.

tactique (n.)
action ou séries d'actions planifiées par l'athlète afin d'obtenir l'avantage ; en boxe, par exemple, le fait de fatiguer l'adversaire en évitant ses coups est une tactique.

technique (n.)
combinaison d'habiletés dont l'athlète se sert pour accomplir un sport particulier.

Liste des abréviations

(n.) = nom
(v.) = verbe
(adj.) = adjectif

Index

Remerciements

Athlétisme
Louis Brault, Linda Coupal,
Serge Jeudy, Daniel Mercier,
Michel Portmann, Serge Thibodeau

Aviron
Jean-Michel Rabanel

Badminton
Gaëtan Jean

Balle au mur
Danny Bell

Baseball
Marc Griffin, André Lachance

Basket-ball
Philippe Nasr

BMX
Michel Lecourt, Pierre Thibault,
Dylan Jagger Vanier

Bobsleigh
Ermanno Gardella, Owen A. Neale,
Pascal Richard, Jean Riendeau, Sarah Storey,
Katja Waller

Bowling
Robert Langlois

Boxe
Kenneth Piché

Canoë-kayak (eaux calmes)
Mark Granger

Canoë-kayak (eaux vives)
Tim French, Jonathan Tremblay

Course d'orientation
Marie-Catherine Bruno

Crosse
Pierre Filion

Curling
Benoit Cyr

Cyclisme sur route et sur piste
Louis Barbeau

Escrime
Danek Nowosielski, Claudia Viereck

Football américain et canadien
Jacques Dussault, Jacques Moreau

Football australien
Bruce Parker

Formule 1, Formule Indy, Formule 3000
René Fagnan

Golf
Louis Lavoie, Sylvain Leblanc

Gymnastique artistique
Emmanuel Jacquinot

Gymnastique rythmique
Daniela Arendasova

Handball
Danny Bell

Handball (Team)
Denis Dubreuil

Hockey sur gazon
Josette Babineau, Chantale Berridge,
Suzanne Nicholson

Hockey sur glace
Chris Clow, Gaétan Ménard

Judo
Patrick Vesin

Karaté
Ronald Auclair, Chanh Chau Tran

Kick-boxing et full-contact
Patrick Giroux

Luge
Sandy Caligiore, Birgit Valentin, Katja Waller

Luttes gréco-romaine et libre
Dominique Choquette

Marathon
Daniel Furlong, Mark Selig

Marche
Roger Burrows, Octavio Castellini,
François Pap

Motocyclisme
Buddy Ford, Bertrand Gahel

Netball
Marina Leigertwood

Patinage artistique
Diane Choquet, Deanne Graham,
Professional Skating Association.

Patinage de vitesse
Ginette Bourassa, Robert Bourassa,
Susie Gibbon, Isabelle Laferrière,
Serge Lemieux, Sean Maw, Stuart Pass,
Pierre Sammut

Planche à roulettes
Patrick Arsenault, Jean-François Brault

Planche à voile
Stephane Ouellet

Pentathlon moderne
Denise Fekete

Plongeon
Donald Dion, Donald Normand

Polo
Regan Dellazizzo, Elizabeth Hallé

Natation
Claude Warren

Natation synchronisée
Diane Lachapelle

Racquetball
Josée Grand'Maitre

Rallye
Yves Barbe, Patrick Mannoury

Roller hockey
Dave Easter, Eric LaTerreur, Bernard Seguy,
Carlos Graça

Rowing
Vincent Vandamme

Rugby
Jean-Michel Rabanel

Saut à ski
Andrew Rhéaume

Skeleton
Ryan Davenport, Mark Kaye,
Jean Riendeau

Ski acrobatique
Luc Belhumeur

Ski alpin
Christian Femy, Vincent Lévesque

Ski de fond
Stephane Barrette

Ski nautique
Francis Millaire, Philippe-André Tellier

Soccer
André Gagnon

Softball
Gisèle Vezina

Sports équestres
Marie-Josée Delisle, Daniel Dubé,
Marcelle L'Heureux

Squash
Yvon Provençal

Surf des neiges
Jean-Louis Donaldson, Rémi Laliberté

Surf océanique
Maurice Muise

Taekwondo
Michel Jobin

Tennis
Louis Cayer, Eugene Lapierre,
Frederic Ledoux

Tennis de table
Rodrigue Bédard, Pierre Desjardins

Tir à l'arc
Gabriela Cosovan, Gilbert Saint-Laurent

Trampoline
Alain Duchesne

Triathlon
Roger Perreault

Vélo de montagne
Michel Leblanc

Voile
Suzanne Cadieux, Simon Forbes,
Meredith Gray, Jérôme Pels, Roch Pilon,
Heinz Staudt, Marc Wilson

Volley-ball
Alain D'Amboise

Water-polo
Paul-David Bernard

Crédits photos

Pages 14–15

Muhammad Ali	Corbis
Bonnie Blair	Neal Preston, Corbis, Allsport
Nadia Comaneci	Allsport
Michael Jordan	Allsport
Carl Lewis	Allsport
Mark Spitz	Allsport
Stade à Athènes	Allsport